艳遇丽江

侯淼 著

加拿大国际出版社

Canada International Press

书名：艳遇丽江

作者：侯淼

出版：加拿大国际出版社 www.intlpressca.com

Email:service@intlpressca.com

2024 年 5 月加拿大第一版

2024 年 5 月第一次印刷

印刷版国际书号 ISBN： 978-1-990872-90-7

电子版国际书号 ISBN： 978-1-990872-91-4

Title: Amorous Encounter in Lijiang

Author: Miao Hou

Publisher: Canada International Press

www.intlpressca.com

Email:service@intlpressca.com

First Edition in Canada, May 2024

First Printing, May 2024

Printed Edition ISBN: 978-1-990872-90-7

E-Book ISBN: 978-1-990872-91-4

前　言

在百度中，艳遇是指一个人有了异性朋友。而我认为，艳遇更是一种人生态度。人的一生有很多的际遇，我觉得能够给我带来启迪的事、让我感动的人和带给我温暖的地方我都称之为"艳遇"。

都说丽江是艳遇之都，很多人说一辈子总要去一次丽江。多年前当二十多岁的我踏上四方街，当我脚踩被岁月摩挲出坑洼的青砖，看着那些身穿纳西族传统服饰的东巴汉子坐在街边售卖他们本民族的东西时，不禁潸然泪下。多少年来，无数岁月的风尘穿过这条古朴的街道，不知多少东巴汉子在街边售卖和前行，他们来过，然后尘埃落地。而我正站在岁月的某个时光往街口张望，我看不见历史的尘烟深处，也看不见我身后的滚滚红尘。一切仿佛从未改变，一切却已经转变的翻天覆地。

我感谢丽江让我遇到，我感激丽江让我顿悟。由此我感恩接下来我邂逅的每一座城市或乡村，或者一池碧湖和湖中盛开的莲花。我感恩在我的人生旅途中遇到的每一位给予我善意和帮助的朋友，感恩这般美丽的相逢。

我能与我曾经的文字在本书中再次重逢，这也是让我欣喜的一次"艳遇"。

我想，这就是我理解中关于"艳遇"的含义。

如果文字的风格是分季节的，我想我的文字是春天。如果文字的节奏是大自然的各种变幻，我想我的文字是春雨。一场淅淅沥沥的春雨柔和倾洒大地，既不显得热闹，也不会清冷。况且春天是四季中最年轻的季节，而我更多的篇幅恰好写在二十出头和三十来岁，这也是人的一生中最值得回忆和最美的年华。当你在人生的旅程中邂逅了一段温情的时光，有的时光是属于风花雪月的，有的时光也许崎岖不平，但是时间总会带给你开悟与开示，让你明白接下来要走的路。

这本书收录了我这十几年来所写的自由体诗歌、散文随笔及散文体小说。《艳遇丽江》是其中一篇散文随笔，我把它作为书名，用来纪念我走过的青春年华。

即便文笔不尽如人意那又怎样，能写出来就是一股不能忽视的力量。

侯淼

2024 年 1 月 1 日于多伦多

自序

　　我把这些文字做个集子已过了不惑之年。这是我来到多伦多的第六年，在白雪簌簌而落的寂静夜晚，当我不再卷入茫然、思乡以及其它情绪交织的漩涡只做回我自己时，我常常回忆这些文字。这些文字像一颗颗皎白的星辰，在每一个夜晚来临时分静默地提醒我，告知我，我打青春走过，我从中国而来。

　　当您有心翻开这本书，请忘记繁琐的格式和复杂的语法。您只需单纯地聆听，您只需做一份纯粹的事，就是感受。感受一颗曾经年轻的心灵，她在青春时光的不羁和渴盼，甚至挣扎。您一定能读懂，毕竟谁都走过青春，谁都不能忘怀年轻时候的狂妄和傲娇。或者您正年轻，那么恭喜您，年轻时代多么宝贵，而正年轻的你，该让多少人倾羡。

　　用《艳遇丽江》来做本书的书名，源于我书中年轻时候的一篇文字《艳遇丽江》。这是一篇普通的随笔，却因为"标题党"在当时的几个网站文字论坛悬挂头条数月。当年轻的我独自漫步在丽江古老的四方街，我惊艳眼中所看的一切，我摩挲被无数前行的人踩过的方砖，不禁落泪。我感激冥冥中的天意，感谢老天让我去邂逅去开悟。在这之后，每到一处新的地方，每遇到新的事物，每遇到一个善良的人，我都称之为"艳遇"。这是上苍的恩典与赐予，我除了感恩，心无旁骛。

这本集子与我见面，亦是我人生中的一次美丽的"艳遇"。

这本书收录了我的自由体诗歌、散文随笔及散文体小说。当我回看那个沉浸在似水流年里埋头写字的女子，我对那个时候的我心生钦佩。能够拨开俗世凡尘聆听自己的心声，从心出发，本就不是一件容易的事。至少在现在的我看来，能够心静的时光我都称之为奢侈。

就当一位故友从您心头瞬间闪过吧，当您凝视这本书的时候，也权当一位老友从遥远的时光深处同样凝视您，或者从遥远的异国他乡对您投去祝福的目光。不管怎样，当您拿起这本书去翻阅去感受，我都要对您说声感谢，毕竟在这个视频碎片化的时代，认真对待文字的态度多么弥足珍贵。

我把这本书送给我的老父亲，同时送给您，我的朋友。我更要把这本书送给我自己，当每一个岁末年初来临的时候不忘提醒自己牢守初心，始终保持年轻时的精神与热爱。

侯淼

2024 年 1 月 1 日

作者简介

侯淼(侯艳利)，晋东南出生成长，深圳工作生活，现居加拿大多伦多。在时光的瞬息变幻中感悟生命，在岁月的缘聚缘灭中体味人生。相信万物有灵，尊重一花一木。曾用笔名"浅草"来记录人生路途的点滴感悟，偶见文字散发于国内报刊杂志和网络平台。

电子邮箱：houmiao1985@gmail.com

微信号：houmiao1010

艳遇丽江

目　录

一、小说

艳遇丽江

1. 永不放弃

　　列治文山被央街划为两瓣，央街从列治文山的老街挺直了身板呼啸而过，有点像我们小时候吹过的一种卷曲的哨笛，用力一吹，长长的卷纸就笔挺地往前伸去。对，多伦多的央街就是这般认真舒展，舒展成世界上最长的一条街道。这座小公园像朵小花苞插在列治文山老街的街心，挨着央街长长的手臂，含羞待放。

　　公园袖珍的让走过路过的人不会轻易发觉，待行过了扭转头看，那不会是座公园吧？呵，还真是座小巧的街心公园。朝拱形的门探头望进去，左右两旁各一把长椅，中间照旧修筑圆形的花坛，一位小个子的运动员塑像站立在花朵中。这位运动员被风鼓荡起来的衣衫阴影遮蔽了脚下的青草和花朵，这使得这些花朵们拼命想寻找更多的阳光，长势充满磅礴生机。小小的花的脑袋都伸展得很长，这位默语的运动员就真的被缤纷的花团紧紧簇拥着了。

　　现在是多伦多的秋天，这是加拿大一年中最美的季节。青草葱绿着，运动员脚下的花们在微凉的秋意中精神仍旧抖擞，阳光比夏天温柔许多，这使得花们姹紫嫣红的小脸儿更显娇媚。珍妮弗的脸，怎么说呢？她的皮肤顶像醇厚的蜂蜜，细密密地泛起一层诱惑的色泽。这蜜般的肤色上竟也彤彤的两块胭脂红，又长又浓密的睫毛下一对蓝绿色的眼珠儿，脚下的花朵儿挤着头仰着脸去望这对漂亮的眼球儿，于是珍妮弗的眼眸深处星星点点的鲜花盛开。

"你的咖啡快喝完了，里奥。"

里奥的皮肤是加拿大的白蜜，充溢着满满的胶原蛋白。他的头发在太阳下发出灿灿金光。秋天是属于情侣们窃窃私语的季节，一枚、又一枚的枫叶静悠悠地飘落。"这是什么颜色，里奥？"珍妮弗举起了一枚比自己头发的颜色还要亮丽的枫叶，微笑着问面前的里奥。来自伊朗的珍妮弗，她有一头黄褐色的短卷发。

"橙、橙色。"里奥的脖子轻微扭向左边，他看着枫叶并不吃力，珍妮弗举在了他的鼻尖前。

"这个呢？"珍妮弗的嘴唇厚嘟嘟，她出门前擦了母亲桃红色的唇膏。

"红色。"里奥看着珍妮弗的叶子，又看着珍妮弗的嘴。珍妮弗的嘴巴真好看。

"心是红色的吧，里奥？"

"心？是红色的，也许……"

珍妮弗蹲在里奥的脚边，手中摆弄着几枚叶子。里奥的运动鞋擦得洁净白亮，和他的发型一样一丝不苟。每天早晨里奥的母亲都会用发油将他的头发打理固型，然后再看着他出门坐校车。多帅的里奥啊！他的母亲总会在窗边静静地望着他离开的背影说。

多帅的里奥啊！珍妮弗想，他看着可真干净。

"心，爱心。我知道。"里奥指着地上的"心"型说。

"送给你里奥。珍妮弗送给里奥。"珍妮弗将这些好看的叶子一枚枚仔细叠起来，塞到里奥的手里。里奥的手指修长白皙，他捧着这些橙色、黄色和红色的枫叶，就像捧着一杯云尼拿冰激凌，冰激凌上甜甜地浇绕了几圈红红的草莓糖浆。他的眼睛斜乜着珍妮弗，脖子微微地扭向了左边。他干净的运动鞋在地上轻轻地蹭来蹭去。

多帅的里奥啊，珍妮弗想，他恐怕就没明白。接下来的话她该怎么开口呢？

一位穿风衣的小个子男人拐了进来，他端杯咖啡，端详着运动员的铜质雕塑。他扯开口罩小口啜饮着手中的饮料，完全没把身旁的两个小人儿放在眼里。他默默地看运动员，默默地喝手中的咖啡，然后弯下腰细细地擦拭运动员脚下的介绍牌。也许他累了，他在运动员的一条腿上敲了敲，然后挺直腰板，把手搭在运动员的肩上，眯起眼睛望向央街的楼房背后的太阳。

阳光柔和中缠绕着刚烈，既让人觉得舒适，又不能忘却它的力量。男人在沉醉中侧过头，看见了盯着他的里奥和珍妮弗。他有些无所适从。他坐到了一边的长椅上。

公园太小了，椅子也不长。珍妮弗和里奥两个人坐在一边，珍妮弗希望和里奥坐在一起。笼聚的情感让椅子有了恰如其分的长度。珍妮弗的眼睛装满青春的鲜花，阳光底下闪烁钻石一般的光芒。里奥的头转向珍妮弗，宝蓝色的眼睛斜乜着对面的男人。

公园太小了，不见得能多容纳另一个人。男人的左腿搭在了右腿上，接着又局促不安地放下。他喝了一口咖啡，见鬼，咖啡杯里见底了。他又将左腿搭在了右腿上，扭头望向了公园背后的小径。小路的旁边紧挨着一家理发店，理发店门口的红白蓝灯已经熄灭多日，累积的灰尘让这灯显得雾蒙蒙的，病毒不散，这店也不知什么时候营业。男人的一只手有意无意地敲打着扶手边，发出咚咚的声音。看样子他还不想离开。

"85 路车要来了，我妈妈说晚上会烤一份腌肉芝士披萨给我吃。"里奥望向央街对面的公交亭子，黑色钢架的格子间里稀疏地站立了两位戴口罩的行人。

珍妮弗默默地剥着巧克力。一颗瑞士莲巧克力塞进里奥嘴中。水蓝色的风衣被风吹鼓成一把宽大的帐子，把她罩入爱琴海的粼粼波光，她是站立在海岸边的一株粗壮的矮树，她享受着这一切只属于她的时光。

巧克力真的是世界上最解心语的食物，不言不语地叫人愉悦。珍妮弗看着里奥薄薄红润的两片嘴唇慢慢蠕动，她很想轻柔地抚摸一下，只一下就好。

"学校九月份也许还不会开学，"珍妮弗抬眼看了一下对面默然无语的男人，还是忍不住开了口。"真不喜欢上网课。""你呢，里奥？"

"我，也不喜欢。"

公园实在太小了，多了一个人，连带着空气都觉得拥挤。男人放平了腿，戴着口罩的脸上除了稀疏的眉毛，还剩双略显浑浊的眼睛，他盯着面前的这对人儿。

"要面对现实，我说孩子们。"很快他自言自语起来，"不过，应该用不了多久，我们不能放弃。"

"很难见面。"珍妮弗手指短粗，她涂了粉色的指甲油，无声地搓着蓝色的衣角。

"是，这是实话。"男人看着运动员的脸，若有所思地说。

"好吃，好甜的巧克力。我喜欢腌肉披萨，就是比菠萝的美味。"里奥盯着马路对面的公交亭，一辆蓝色的公交车正缓缓开过，亭子间里顿时空无一人。"我妈妈不让我出门。病毒，很糟糕。"里奥挥舞着右手，全然忘记手中的树叶。

枫叶纷纷扬扬撒落一地。有两枚落到了对面男人的脚旁。

珍妮弗从椅子上滑下去，一枚、一枚、又一枚，她小心翼翼地捡起地上的枫叶。她蜷临地面的身姿，像只在地上滚动来滚动去的小熊仔。她看到男人的脚。男人左脚踝露出发白的皮肤，右脚没有。她看到鞋子口和裤管接驳的地方露开一小截，乌银色的光沿着鞋子口往裤管上延伸，镂空的雕刻花饰被日光敲打出坚硬和不容忽视的光茫。

男人下意识地把右腿往左腿后放。

珍妮弗默然地捡回枫叶，她蹲在运动员的介绍牌旁，沉默了片刻。

"他很棒。"男人说。

"超级酷。"珍妮弗不假思索地回答。"他叫休。请问先生的名字？"

"休，"男人毫不犹豫地回答。"已经用了六十多年。"

阳光射在运动员右腿的义肢上，那铜质镂空的假肢闪闪发光。这让运动员奔跑的动作更具有魔幻般迷人的魅力。

公园太小了，它原本就只属于这位了不起的运动员一人所有啊。

珍妮弗整理好枫叶，放入里奥的背包。

"腌肉披萨很好吃，走吧里奥。"

"你电话里说有重要的事告诉我。你忘记了。"

"走吧，我已经送给你了。"

珍妮弗盯着里奥素净的脸、里奥金色的头发。里奥的头发像阳光洒下的万缕千丝，散发的光泽让她眩目，只是里奥的眼睛从来不能正视她，也不能正视所有的人。

这又有什么要紧？

珍妮弗站了起来。里奥站了起来。

男人看着面前的两位孩子，尤其盯着站起来的珍妮弗，他好像明白点什么，他捏着咖啡杯也紧跟着站了起来。

"再见，先生。"

"再见休，"珍妮弗说，"这座公园属于你。"

"不，不，听我说孩子们，"男人有些局促不安，"今天是个美好的一天，不是吗？"男人再次掏出手帕，仓促地擦了擦运动员的脸和头发。他拍拍运动员的肩膀，"加油伙计！今天六十五岁啦，你得记得。不要忘记我们的精神啊。"他的声音轻的只有自己和雕像听的见。

"加油姑娘！"男人竖起拇指给珍妮弗，"永不放弃。"然后大步地离开了，他的右腿迈得比左腿还要快。

他不忍心看到这两个孩子，这不同于他看了几十年的腿，一根钢筋的假肢，早已融入了生命。况且，他并没有因为这条残缺的腿而放弃梦想，他创造的长跑记录，至今还未有残疾人打破。

可怜的姑娘。时间宝贵，他又怎么忍心让她的梦破碎。

珍妮弗仰望着里奥，里奥站在阳光的光晕中，鼻梁高挺的阴影下，一颗青春痘显得发红。珍妮弗笑了。她很想去触碰一下那颗快熟了的痘子，只是，她够不见。她站在里奥的腋窝下，像个几岁的孩子。

八岁的时候她就是这样的身高。快十年过去了，她的头围宽阔了许多，她的心房也在不断地充盈，可是她的身体却忘记了成长。

2.　老姊妹

　　我老得快没记忆了。我在太阳底下使劲薅脑袋上白生生的头发，有几根被我连根拔起，发根拽起白亮亮的毛囊，让我想起早晨萝卜缨子上的一颗颗露水。露水越滚越多，记忆好比出土的泥，在大太阳底下纷纷扬扬。泥土越堆越多，记忆的碎片也越积越厚，待到脚下的泥土快将我掩埋，这泥土垒成高墙，我这颗枯木脑袋抽出青枝翠叶。回忆的枝叶绕着密实的院墙长，半晌的大太阳晒得我手搭凉棚都望不到墙顶。

　　墙后头有我和我那瘸腿老汉预备结婚的房子。是两进四合院里的一间小耳房。耳房蔑席子门帘上补缀的青布，早已晦涩不清。不管咋样，我腰上的枪伤换来了这遮头的屋子，也是不赖。古炉子在门外呛呛叫，说话就像打机关枪。和她住一个院落了，我可得小心点。她一个女子，总趁没人时偷捏我一把。我有啥好捏的，我长的啥，她都有。她娘把她生在火炉子旁，她那性格比火苗还跳的欢。偷喝她爹的老酒，哪里有男人堆就扎哪去，把男人的草烟卷起来就抽。这女子，没个男人敢娶她。

　　她进门就乐，抓住我手塞我一物件。我张开手掌一看，两个磨的精巧的桃核儿被一根编得密实的红绳子栓着，就像两个闪光的小铃铛。古炉子的眼神好比十个小铃铛。我咋能拿她的东西？她捏下我的手嘻嘻笑着跑了。我裹过的脚咋能跑过她的大脚板？我眼睁睁地看着她像阵风刮进后院。

后院很排场。三层半的大堂房，房顶顶着平圪展展的天。我拽着古炉子的衣裳偷偷溜进去的时候才十来岁吧？我们悄悄爬上三楼，那雕着龙凤的大红床，好像几双暴出来的眼睛瞪着我，我从穿衣镜里看到我自己的样子，枯黄的头发蜡黄的脸，我都被自己吓够呛了。古炉子不走，她想上阁楼。我死命扯她的衣襟，阁楼有老爷[1]啦！不是老爷，她故作镇定说，是娘娘。我早吓得满身发抖，穿红袍的娘娘！我看到一条黑黢黢弯曲的长影子在屋顶上荡来荡去，龙哇！

啥龙呢！尽会吓唬人。我一口气跑下了楼，冲出了院落，蹲在槐树下哇哇地呕。娘娘派龙来抓我了！抓我了！那是烟囱！憨呼呼的！没见过烟囱啊！古炉子拍着我的背，气呼呼地吼我。应该还有个小箱子，她自言自语地叨叨，我爹喝了酒总偷偷和我娘说。我对她说的破箱子不感兴趣，日本人就要来了。

有人往我屁股底下塞个马扎，坐哇，你坐哇！我的眼看啥都像隔着个太阳，我盯住眼前穿灰衣裳的来人，咧嘴笑了。笑啥笑咧，你想不起我了？说话的人左眉毛里的红痦子一抖一抖，有点像谁。我扶着身旁的高墙，想啊想，那些陈芝麻烂谷子的事都快化泥里了。

　　逃日本的那两年，我去哪旮了？哦，我被送入山里的姑姑家。进山的路风景可好，一路上的红酸枣长得可稠，酸枣叶上的八甲虫把我的手滚出一道道肿条。柿子树上一盏盏灯笼，"啪"地几个熟透的掉下来，我想着这些红柿子咋不掉到我嘴里。路又窄又陡，爹一路骂我，还不快点，当心狼吃了你！这条路上听说有狼的，有个闺女半夜提灯笼进山，他爹只找回来一只鞋。我快快的小跑，嘴里嘟囔，我才不怕狼，狼还有日本人可怕了？

　　姑姑家的山顶有三棵大杨树，每天都有人站岗放哨。山脚下进来一只鸡都看得清清楚楚。进庄的斜坡又陡又急，一脚踩着，小石子满坡打滚。日本人本不知道这个庄子，古炉子的堂哥自告奋勇领着一队日本兵来扫荡。马上不了陡坡，折了几条马腿，日本兵走了一天的路，又累又渴，山高林密，连个野鸡毛都没逮着。日本人问庄子多少人，古炉子的堂哥举了五个手指，五户！日本人一个巴掌糊过去，他身子一歪，直接滚到了坡底溪水旁的石头上，脑袋在石头上开了朵红花。

　　我在山里疯跑了几年，我就从来没这么快活过。我打酸枣爬树，摸鸡窝逮螃蟹，每天都不够我疯的。我偷爬到阁楼去粮食缸里抓米虫，楼板被我踩得嘎吱嘎吱响，我想是不是能掉下去，直接墩到胖姑父的脑瓜上。姑姑和姑父很恼我，他们恼我的时候我就跑到后山，一坐就是半晌午。

　　我撅屁股在后山挖小葱，后山上绿圪茵茵地长满了野小葱，野小葱煎饼子十里八街飘香。还有亮堂堂的小红果，我把小红果挂耳朵上，忽闪忽闪的，我就觉得自己是戏台上的小红娘。野兔子"嗖"地一下就跑了，我不抓它们，也抓不住。我吹打碗花，打碗花掐下来可甜了，我吮花茎，吮着吮着就会想起古炉子来。有年我咳嗽，古炉子拉我到小山坡坡顶，给我翻"黄姑娘"吃。"黄姑娘，丑得慌，一长长在衣裳上，衣裳也不脱，不敢露模样。"古炉子还给我说她家大院藏宝物，"娘娘"留下口箱子给后人，可得把喜院保护好！风来小山坡看俺俩，我嚼着刚泛黄的"黄姑娘"使劲往下咽，古炉子揪了花枝给我编花环。古炉子绑根荆条在我腰上可劲儿拉我。"戴了我的花，坐了我的轿，你就是我的新抱抱"。后山的风呼呼吹，我望向远处一座又一座山，一座山更比一座山高。野花草就像山脖子后的绒毛，山在吸气，风在吹气，绒毛跟着一吸一吹，我看着入神，也忘了姑姑给我裹脚的疼。

　　只有三逮子他哥二牛子，直起脖子和姑姑吵，说新时代的闺女咋还学老迷信？姑姑不理他，把我缠得呲牙裂嘴直叫唤。二牛子就给我剪，姑姑再给我缠。我像根木头，被他俩锯来锯去。二牛子说他是民兵队长，再要缠脚就叫党来处分姑姑。姑姑一听党要来人，吓得白天让我疯跑，晚上在炕上就给我往死里缠脚。我见到二牛子就觉得他像我的后山，他就是我的救命恩人。再后来，他就成了我老汉。

　　这个人，不是我老汉。我老汉早跑到黄土堆里等我了。我老汉也没这个红痦子。可我咋打心眼里觉得熟哩？这个人拿出一块蓝条纹的手巾给我擦嘴角。我总流哈喇子，门口的小孩们说我的哈喇子像扯面。这个人擦擦眼角，翻开衣裳，掏出一张照片给我看。

　　我爹偷偷上过山。他说古炉子被送下河南，又相跟着人跑回来。他爹被日本人折磨得死去活来，就是跟上个什么箱子有关联。我问是不是娘娘的箱子，爹说他不管是谁的箱子，日本人找不出来，把她娘欺负的跳了井。我问是不是喜院大前门胡同口的井？那井台到了冬天，冰结的一尺厚，滑不溜丢不好打水，大家伙可还是愿意吃那口井的水，喜院的人祖祖辈辈吃那井水，出落了一个娘娘，都说是祖上积德，井水有灵。

　　我没寻着古炉子。喜院里住满了解放军。二牛子早就跟他们厮混的熟，我一个屋子一个屋子慢慢找。一进院、二进院，我一直找到二进院的东厢房，古炉子的爹正躺在炕上养伤。我站在方砖地上，看着古炉子头发白煞煞的爹，怎么会是娘娘的后辈孙呢？娘娘听说是穿大红宫衣，扎花鞋的。老辈的人说长得像画里仙人下凡尘。古炉子的爹又黑又是大方脸，现在这脸瘪得就和没发起来的玉米面馍一样丑。我发现古炉子的爹没看我，他看着我后头。我后头有啥，我疑惑地掉转头，古炉子的堂哥悄没声的站在大花瓶的阴影里。

　　古炉子的堂哥揪去脑瓜上的解放军帽，叔，你老可看清了？我倒是看清了他脑瓜是个阴阳头，剃光的半边有个豁口的疤。箱子在甚地方放置？他瞪起个三角眼，要不你就和婶一起去井里！古炉子的爹朝我挥挥手，想叫我走。我还没动弹，古炉子的堂哥就把我左手一把抓住，一把硬的东西顶在我腰上。老东西，不说我就打死这闺女！古炉子的爹气得头发都在抖，你让闺女走，走了我告诉你娃。让她出去告密？你以为我憨了！我好像看到火炕后头的窗户纸闪过人影，来人啊，我长这么大第一次大声叫，快来人啊！古炉子她爹圪斗[2]圪斗地赶紧扑过来。喊甚呢？喊甚呢！古炉子的堂哥猛一推我，顺手就是一枪。我一手撑在方砖地上的时候，还想娘娘家的大方砖就是滑溜啊，厚墩墩的，冰凉凉。二牛子踹门进来扶住了我，后面还跟着解放军，古炉子的堂哥一阵乱响枪，一枪打在二牛子腿上。

古炉子几年没看见我，就和我一下看见她一样异样。她长得可真像个俊后生！我寻着阳光看她，她嘴上面一层黄黄的绒毛。子弹擦着我腰闪过了，腰上留下一道疤。没人要你，我要。古炉子说我长得像山腰上的花。我问她我是啥花，她嘿嘿乐，狗尾巴花，你这憨呼呼的样难道还想当山丹丹？我不听她的话，二牛子的腿还没好利索。

古炉子说她厮跟[3]着院里的兵进了县里，她要当兵。不过，我又舍不得走了。我问她为啥，她说她见不得我难过。她熟练地卷了根纸烟抽了一口，喷了我一脸，你说，我咋是个女的？我咋不是个男人嘛！我就该是个男的！我呛得直咳，古炉子哈哈大笑，笑得泪都出来了。走，咱俩照相去！街上有个扛机器的，专照解放军，咱俩求他照去！

穿灰衣裳的摸着照片，让我拿手里好好看。咋就不记得我？我让我爹腾了一间房给你预备着结婚哩。你成天的和你二牛哥亲的咧，哪里还理实我。晌午间的太阳好晒，我斜眼看着照片上的两人发呆，我突然想起扛机器的人说，你俩倒像对小两口！这照片没落我手上，古炉子连夜跟着大部队走了。我根本不知晓她要走，她和我说，你得看着喜院，不是叫你住进来结婚了。我说，我咋看咧，这喜院又不是只鸟，这么大盘院子，说飞还能飞了。她就用黑溜溜的眼珠盯了我好一会，那你就看着俺爹，看把你憨的。

我老了，真想不起来啥事情了。照片上的"俊后生"，倒真让我想起啥事来。对，就是我带妇女们去昔阳学大寨的时候，我看到北京来的同志卷糕点的报纸上，登着古炉子的照片。同去的妇女们都说像古炉子。北京的同志仔细看了又看，说俺们都认错人了，这人的名字叫胡一党。胡姓是对着哩，咋叫一党了？我央求北京的同志回去查查，等我带队回去，每天在田里热火朝天干活时，一个电话找我了。

你晓得我是谁呐？我第一次用这机器匣子说话，电话筒子被我握得都是汗。你找我讲甚哩？我磕磕巴巴，不讲甚，我还得挑粪哩，大伙儿等着我哩。你个憨呼呼的货！是我，古炉子！电话筒子很大声，吓得我差点扔了。喜院还好哇？我说好的很，飞不了。你娃几岁，我给娃寄点东西。古炉子的嗓音，还是有力得很。我记得我脸红的发烫，人人夸我能干，妇女标兵，水里来雨里去，可就是生不出娃，有说我是修水库累的，也有人说我是那一枪挨的，只怕是打坏了腰。我就问她，她的胡一党是咋回事。我听得电话筒子里，古炉子的笑声就像秋天里的山风，干净、晴亮，脆生生地刮向远处。我仗打到北京，北京的首长给我改了名，一党，一党，一心向党嘛！

屋顶上头是平圪展展的天，天又蓝又高。太阳被屋顶上的灰瓦吸了光，瞅着像个温柔的女子。可这墙上的太阳啥时候变得这么毒。我被太阳刺得眼疼，口水眼泪止不住往外跑。头些年的一些事儿，就和这墙顶的阳光一样，刺得人心也疼咧！

听说胡一党被关牛棚，我脖子上也挂着牌子，正和她的脖子上挂破鞋的嫂子一起扫街。她爹临死也没得和她相见。她爹被斗得实在活不了，家里砸得不像样，人也饿成了一张麸皮。红卫兵把大方砖连着撬了找箱子，一盘大院子乱成一盘散沙。她嫂子偷偷和我说，古炉子被关禁闭学习，三根肋骨打断了。我着急的刚想凑上去说几句，后头一个红卫兵一脚踢在了我的尾椎骨上，把我疼的歪地上直声叫。她嫂子说，那谁，论辈分你也得喊她声婶。她嫂子话没说完，就被红卫兵"啪啪"甩了几耳光。也不看看你的成份！你家二姨子货[4]的胡一党混进革命队伍到底想干甚？她古炉子女扮男装接近首长不是特务是想图圪甚？该不是嫁不出去，想男人想疯了。几个红卫兵哈哈笑着，一个嫩瓜蛋的红卫兵脱了鞋子"劈劈"打她嫂子的脸。

喜院还是被修成乡政府了，糟蹋啊！这个人摸索着我背后的高墙，流泪。娘娘，穿红袍的娘娘，我指着高墙后头傻笑。娘娘的半架銮驾和册书解放后被我爹交政府了，那箱子兴许就没存在过。这个人掏出一对用红绳穿结的小桃核，捧手巾里来回擦擦，系到了我老皮圪皱皱的腕上，你真不记得我前几年回来过？

这个人说回来过，我眯起眼睛想。对，喜院真的要拆了，古炉子回来了。古炉子在和副镇长吵架，那声音震得槐树上的鸟都扑棱扑棱飞走了。雪要扑下来了，风有些打卷，院子里的老槐树干黑的没有神采。我和我那瘸腿老汉在门外等着古炉子。古炉子的嗓门大得像雪下前天上敲打的锣。我给你们写了多少封信了，这是我的祖宅！且不说祖上的文物，就说这建筑，这规模，这历史，这个镇上你给我找出第二家！北京拆掉那么多胡同，想建都没有回头路！古建筑的价值是无价的！你们不为子孙后代着想。

锣有点破了，古炉子的嗓音连嘶带吼的有点哑了，半晌都没有声音。古炉子拿了一叠纸走出门，指着上面的名字，她的手在哆嗦。我那老汉赶紧说，没俺们的签名，耳房砖厚，冬暖夏凉，住着得劲。俺们不要赔的独家小院儿，俺们这把老骨头，就等着在喜院出殡了。我记得我当时这么和古炉子说。古炉子的眼就没看我和我老汉，她瞪着她侄儿侄女和几个青苗一样冒起来的侄孙辈，她的眼神就像初打了雪，冷冷地下出寒意来。

起身，该跟我走了。你说你当初水圪灵灵的大闺女，几十年的老党员，咋老了老了谁也认不得了！恓恓惶惶落得个没着没靠！我是古炉子，我回来接你了！古炉子，我笑了，我指着路旁停着的小轿车，一身绿军装的俊小哥垂手站在车旁。"黄姑娘，丑得慌，一长长在衣裳上，衣裳也不脱，不敢露模样、、、、、、"，我一边拍手，一边唱歌，古炉子的泪扑簌扑簌就掉在了洋灰[5]地上。

[1]老爷：山西人指供奉的神灵。

[2]2、方言，形容站立不稳的样子。

[3]厮跟：方言，指相跟着一起走。

[4]方言，指不男不女。

[5]洋灰地：水泥地。

3.　老特鲁多

　　下午三点的阳光洒在身上是万分满足的，我指的是冬天。我常常无事的时候在这个时间段倚着沙发读新闻，翻翻手机上滚动的股票信息。这个年代，不依靠点儿手机，仿佛什么都干不成，幸亏我还未对手机上瘾，那和吸食大麻一样可怕。

　　老特鲁多慢悠悠地从窗外走过。他边走边望向我的窗户，步履蹒跚。悠着点走啊，老家伙。我朝他挥挥手，也许阳光的反射叫他浑浊的眼神瞧不清，他并没有更多的反应，仍旧慢吞吞地朝前走了，脸还扭向我的方向。没什么关系，社区的路他走了快四十年，他就是不看路，路也认得他，为他铺的平展展地好让他安全到家。

　　这是个开朗的家伙。只要在门口碰见我，他就会挥舞着他那老迈的胳膊，"嗨，迈克！嗨，迈克！，嗨，我的好迈克！嗨，我的好迈克啊，你还好吗！"热情地叫嚷半天。当然，我的名字不叫迈克，他喜欢叫就让他这样叫好了，对上了年纪的人总得多担待一点儿。他嚷嚷的时候嘴角的胡须都跟着上下舞动，一个高卢人的大鼻子就像是被木匠硬塞上去的，木匠为了让他与众不同，给了他一个高耸的鼻梁，圆圆的鼻头。胡须舞动的时候，鼻头也没闲着，大家一起热情洋溢地出现，这让他显得多少有点滑稽。总之，他是个有趣的老头。

去年夏天，我把门前的老松树彻底休整了一番，那是棵快四十年的雪松。打理花草树木就像打理人一样，想要看着精神就得定期修饰。我把垂落到地上的松枝剪去，这些拖地的树枝让这棵树显得颓废。我再将多余的枝桠砍除，砍掉四圈蓬松的树桠后，雪松露出光洁的枝干，看上去又恢复了年轻充沛的活力，路过的邻居都免不了赞叹。

老特鲁多很激动。他绕着这棵雪松转了两圈，仰望着它高入云的树梢，喃喃自语。他专程来找了我。我正好坐在房前的户外椅上休息，绣球花开得枝繁叶茂，水绿、碧蓝和藕粉色的大花朵，让门前一派生机。一壶泡好的铁观音汤色金亮，茶腾起的清香让我拾掇花园的疲惫扫去大半。老特鲁多的声音在背后响起，热呼呼地就像这夏日的天气。

"嗨，迈克！我说好迈克！"

我赶忙起身，对待老人得有礼貌。他在另一把椅子上坐下来随即又马上站起，这把我吓了一跳。

"两米，两米距离。哈哈。"他先用脚在地上走出距离，再将椅子拖开。"噢，我没戴口罩。"他一脸沮丧。"这该死的病毒。"

我没有介意。他离我已经足够远。

"我知道你不叫迈克，"这老头狡黠一笑。"不过我还是喜欢叫你迈克。"他爽朗地笑着，笑声大的对面的黑人老太太估计都听得见。"你知道我为什么要叫你迈克吗？"老头一脸认真。

我摇摇头。莫非我和一个唤作"迈克"的人很像？这国外叫"迈克"的可太多了，和我们中国的"李强"、"王刚"一样多到数不清。

我给他倒了一杯铁观音。他深深嗅了嗅，"茶。"他惊喜地说，"Chinese 茶叶。"这老头知道中国茶叶，难道是那个叫"迈克"的人告诉他的？

"迈克喜欢喝中国茶叶。这是很奇特的植物。"

果然如此。"迈克是中国人么？"我问他。

老头仔仔细细端详了我的脸。"他和你一样，又和你不一样。"

这让我迷惑。

"他没去过中国，"老特鲁多摇摇头。"他很想去看看,他总说他是中国人呐。"老头说。

"这棵树是迈克栽下的。"老头指着焕然一新的大雪松，"他很急迫，甚至等不到政府绿化署的人来。他自掏腰包买来一棵大树苗，花了点时间种好它。"

街道两旁的雪松、橡树以及枫树等树木粗壮高大，大部分树木都长了快四十年的光景。政府绿化署的车定时会在各社区转悠，哪里需要补植，哪里需要砍伐，甚至哪棵树上有了虫洞，他们都知道的一清二楚。居民们没有砍伐门前树木的权利，这些树木属于你家却又不完全属于你家，它们更属于大自然。

"你看你把它修理得多精神，我就像又看到帅气的迈克，哦，我的好迈克！他年轻的时候顶着一簇有棱有角的发梢，你看，多像这雪松的树顶，英气勃勃。"他感慨地说。

我开始认真听老人诉说。阳光虽然过于热情，但我更渴望与人交谈，老实说，疫情开始后，还未有外人认真和我说过话，大家唯恐躲避不及。"我和迈克真正开始结交，是在一场小聚会。就在现在麦当劳的小广场，一间小酒馆。你应当看到过。"老人灰色的眼睛珠聚焦，陷入往昔的回忆。那里确实有间小酒铺子，我给孩子们买汉堡的时候会路过，酒馆墙上挂着上个世纪老爷车的黑白照片。我点点头，老人得到肯定，神情流露出兴奋。

"那场小聚会，我和迈克都喝了不少酒。我们正年轻呐，喏，就和你现在一样，"他呃巴呃巴嘴，"冰酒和葡萄白兰地我都没少喝。迈克喝得兴奋，给我们唱了一首中国儿歌，唱完他就哭了，他泪流满面，呜呜咽咽地喊着妈妈。我拍着他的背，你看，"老人摸着肩膀比划着，"鼻涕眼泪湿了我这么大一块。""他的妈妈是中国人呐。他父亲是白人，他从不提父亲。他靠妈妈做模特的薪水长大。"

模特的收入应该不错，我刚想开口。

"不，"老人说，他深深喝了一口茶，眼睛盯着街角我收拾好的大雪松，他知道我想说什么。"他母亲初踏入加拿大土地，先在餐馆洗碗削土豆皮，后来又去模特公司做清洁，英语糟糕，总被人欺负。你知道的，在那个说不清理由的年代，有色人种的地位总是不及白人。"

后来呢，我问道。

老头脸上泛起得意，"你们中国人是这个，"他竖出一根大拇指，"她后来成为模特公司收入最高的模特。吃了很多苦头呐。这所房子，"他扭头看看我的家，"就是迈克妈妈送给他三十岁的礼物。"

"聚会散场后，我和迈克互相拉扯着晕头晕脑往家走。迈克身躯高大，他的手很有力道。夜晚的路灯昏暗，那个时候的房子只有我们这一片，三十多户。那边还在修建，这边都是密密的树林。"老人的手指指北面，又指向东方。"原本十来分钟的路程，我们迷迷糊糊绕来绕去，走了好半天。当时这些路边的树木还是些小树苗，是跟着我们新房入驻植下的。就在那里，那个位置，虽然夜晚视线模糊，我们还是看见了它。"

"谁？"我打个激灵，"你说谁在那里？"

老人指着我家门口那棵被我修剪齐整的大雪松，"对，它就在那里徘徊。当时那里还没有这树，迈克家门口的草坪，"他停顿了一下，看了看我继续说，"草坪延伸到树底下，相当大的一块面积。月亮从云间亮出脸来，它对着月亮吼叫了一声，把对面的迈克和我吓得酒都醒了。朦朦胧胧中我喊了一句，谁家的狗!迈克面色凝重，让我闭嘴。那不是狗，它是一条森林狼!它在草地上转来转去。"

大白日的，我也被吓了一跳，我望望草坪，又望望大松树，"怎么会有狼？"

老人笑了，他摆摆手，"加拿大的松鼠和成群结队的鹅你不少见吧，还有一家子的浣熊。狼也一样。原本人家好好生活在这里，是我们人类霸占了它们的地盘。你看我们这个地方，原本就是山冈，旁边聚集了大大小小几个湖泊，有山有水，兽们喜欢，人更喜欢。"

我不寒而栗，森林狼传说中是加拿大凶猛的动物之一啊!

"狼低声咆哮着，眼睛亮过一百瓦的灯泡，牙齿白森森呲出来，在黑夜里闪电一般。吓得我一头汗呐! 那是一九八六年，还没有手机咧! 我不知道该往哪里跑，我的背后是一片小树林。正在我慌张之际，迈克一把把我拉到了他背后。只见他，我的好迈克出手了：他顿足捶胸，嘴里嗷嗷地喊着长调，那调子就是一条奔腾愤怒的河水啊，声音大的惊醒了周围邻居，有两家门廊亮起了灯。狼的后背拱起，耳朵直立，瞬间就扑了上来。迈克的双手握拳，手臂挥舞出呼呼的声音，在夜里听起来非常清晰，他的眼睛突出，样子很吓人。我也学着迈克的样子嗷嗷大声喊叫，狼胆怯了，在我们身前几步的地方停顿。邻居们纷纷走出，几支手电筒的光打在狼的方向，男人们赶了过来，于是那匹狼慢慢后退，然后灰溜溜地跑了。我们撵它，一直跑了几英里。后来我们这个社区再没听说有狼出现。你看，迈克救了我呀。随后迈克买来这棵雪松种下，他说看到这棵大雪松我们以后回家再晚也不会迷路。"

"我见过迈克的母亲，"老人继续说，"夏天她穿一条来自你们东方的袍子，虽说当时她六十多岁了，但仍然具有东方魅力。她头上盘一个发髻，头发乌黑发亮。她的盘发上总插一根木头。"

"发簪。"我打断老特鲁多的话，纠正了一下。

"对，对，很特别，中国裙子很美。"

那应该是中国旗袍，我认真告诉老头。

"总之她是这条街上最让人过目不忘的女人了。迈克说他撵狼的歌就是和母亲学的。不过，他母亲唱的是好听的儿歌，能哄他睡觉。他唱的嘛，呵呵，"老头狡黠一笑，"也就哄哄狼喽。另外，她做的 Dumpling 非常好吃，对，是饺－子。"他舔舔上唇。"总之你们中国是个奇妙的国家。"

"你去过中国？"

他摇摇头，"没有。我很多年没出过安省了，这不重要。"

"迈克搬家前和我喝了几场酒。他母亲在他搬来几年后去世了。你知道，这房子对他，非常重要。很快一家白人买下住了几年，接下来就是你们。孩子们是蒲公英的种子，成熟了就跟着风飞走了。迈克的两个孩子去读多伦多大学，他没搬，后来孩子们又去了温哥华工作，他也没搬，他太舍不得这住了三十来年的房子了。孩子们又有了孩子，他才搬去了温哥华。后来，没有联系了。"老人摊摊手，一脸对生活的伤感和无奈。

"迈克种下的树还在。"我看着门前的大雪松，安慰老特鲁多。

老人灰蒙蒙的眼睛珠凝视着树根，而后缓慢地绕着树干树枝向上滚动，最终眼神停留在树梢顶。树梢顶部飞来一只黑色大鸟，纹丝不动地站立着。

4.　谁的圣诞不完美

　　"这不是我的错。"莉莉安苔喃呢地说。她的嘴唇并没有蠕动，当然也无人留意。"这不是我的错"，她重新说。她仍然没有张嘴。她面无表情，一张柔黄泛黑的椭圆脸庞，眉峰高挑，眼窝深陷的眼角皱褶相叠，她的睫毛浓密且根根竖立，烟灰色的瞳孔和脸庞一般无动于衷。她一直轻咬着下嘴唇，显得她整张脸倔强冷漠。

　　刚刚发生了什么？她试图撸清头绪，看着眼前散落一地的碎木片，这些支棱出原木色凌厉牙齿的木头，不久前还是完整的别人家的围栏，灰蓝色的围栏，有六英尺多高，高大气派。我怎么撞进去的？她努力回忆，无奈脑袋装满了今天的雪，白花花一片。戈里亚的影子在眼前晃过，她凝神看着自己的儿子，幸好，和她一样，看上去和之前并无不同。戈里亚和救护车旁的三位护理员交谈着什么，管他聊什么，我又听不懂。莉莉安苔想。戈里亚在这里干什么？她脑子里全是坐过山车般哄哄乱叫的声音，他不是应该在他父亲家吗？

　　等等，他父亲？是的，他父亲。该死的艾伯特，刚刚可是看到他了！这个恶心的叫我想呕的男人，他就不配当戈里亚的父亲。他当我面拍了那个女人的屁股。

对，他就是这么能耐。拍完他还笑眯眯地看着我，他笑是什么意思？挑衅？不像。轻蔑？不像。得意？有点儿。莉莉安荟抚住自己的额头，她头疼。一名医护员走过来问她是否不舒服，她愣怔了一下摇摇头。医护员叫她上车做个检查，她迟疑着，戈里亚拽着她的胳膊上了救护车。她觉得自己就是蒙特利尔木偶节上被固定好的木偶，除了不是她自己，是树木、是动物、是女巫，就不是她自己。

我是谁？我在什么地方？为什么我此刻会在这里？我不是应该像颗星星，闪耀在普里什蒂娜的上空么？我不是应该是只雄鹰翱翔在科索沃的山岗么？我是谁？我是一个灰头土脸的妇女，我是一个来自巴尔干半岛的游魂，是一个来加拿大三年仍然一无所长靠政府救济的落魄者。我是谁？我是科索沃战争中被授予荣耀的战地记者，是科索沃新闻台的一支俏丽的玫瑰花。看吧，看躺在这里测血压的这个嘴唇苍白、眼窝乌青的妇女，哪里还有一点红润的影子。我就是被丈夫抛弃在异国他乡的可怜女人，没人在乎我那点可怜的自尊心。艾伯特的笑就像一只大脚，狠狠地把我的心踩在地上碾、碾、碾，他巴不得把我的心碾至粉碎。是，我确定他就是那么想的。

听到戈里亚说她没什么问题，莉莉安荟勉强挤出一丝笑，她觉得她的笑就像仅剩的那点黏在牙膏管壁上的牙膏，怎么挤都挤不出。

　　救护车开走了。

　　她仍然站在她站立的地方，发呆似的看着那堆支离破碎的围墙木块。散落到雪地上的木头碎片，每一块都被撞击撕裂，每一块都像一把尖刃锋利、青面獠牙的刀。

　　警察询问了什么，她摇摇头，保持沉默。戈里亚担忧地看着母亲，用南斯拉夫语与她轻声交流着。

　　"妈妈，你不用担心，医生说你身体健康。"

　　莉莉安苔烟灰色的瞳孔轻微闪过一点碎光，很快又恢复了黯然。"好，我的孩子。"她说，"好。"

　　"我想她休息一下就好。"她听到儿子用英语与警察交流。孩子们学东西就像他们长身体，只需要给他们三年时间，他们就能换个人。

　　消防车上下来的一位消防员，与警察寒暄几句，消防车静静驶开了。

　　艾伯特竟然当我面拍了那个女人的屁股！确实，艾伯特的新女友年轻，身段紧致，臀部丰满。一头波浪长发越发显得腰身纤细。这都不是理由，艾伯特拍完她的屁股，竟然留恋地望着这个女人转身的背影，然后无耻地朝着我笑。他究竟什么意思？放在二十年前，他知道我一定会撕了他。就算放在三年前，在科索沃，我父亲与兄弟也会把他绑了喂秃鹰。

　　一九九九年科索沃的春天在炮火中灰飞烟灭。莉莉安苔已追随科索沃解放军报道接近半个月。原本的四人组剩下了三人，撰写新闻的老手哈拉辛被炸飞了一条腿，送进残了半堵墙垣的医院。莉莉安苔回头望见血肉模糊的哈拉辛在连天火光里挣扎，她浑身颤抖。如果不是身后的人拉着她像鹰一般飞开，她不知道自己的腿或者自己的命还会不会在。

"你不必说谢我。"男人半边脸沾满炮灰。一双湿漉漉的大眼睛在弥漫着硝烟的街巷闪闪发亮，鼻子山根挺直，鼻尖稍有些鹰钩，他的眼睛左顾右盼充满警惕。"无人不知你，科索沃的玫瑰花。"

莉莉安苔紧紧抓住男人的手臂，身子止不住的抖。

"你的报道紧贴地面，"男人湿漉漉的眼睛盯着她，"这么漂亮的姑娘，炮弹可没眼睛。"

莉莉安苔立即松了她的手。

男人甩甩胳膊，一脸严肃，"走，赶紧去找个安全的地方。"莉莉安苔大脑飞速旋转思考，呆如木鸡的表情看在男人眼里，以为她在发呆。

"快走，不要在这里。"

"安全的地方在哪里？"莉莉安苔的话一下子就遛了出来。

"跟着你的心。"男人扳着她的双肩郑重地对她说。说完转身离开。

莉莉安苔满脑子空白，刚想张嘴问他的名字，屁股上就被狠狠拍了一巴掌，"还不快走！"男人吼道。

莉莉安苔像头惊慌失措的小母牛，甩开蹄子疯了一般地跑，瞬间消失的无影无踪。裂开的街巷，炮灰与尘土簌簌而落，天地黯淡无光，仿佛光明只是很久之前梦境里闪现的一瞬间。她在奔跑中若隐若无地听到后面男人哈哈大笑的声音。

该死的艾伯特！莉莉安苔想。就怪当初那一巴掌让我拼命记住这张与众不同的脸。我能成为今天的样子，他可真是功不可没。

她看见屋主和其太太在她身边，他们一直都想和她说些什么。一定是我的样子很不近人情，看看我毫无生气的脸，我的脸色一定很难看。她听到屋主夫妻争吵起来，那位女士语速很快，面露愤怒，指着她这边。不过，这叫我怎么解释？莉莉安苔想，英文我都表达不清，何况他们说的中国语。她余光瞄见屋主走到一名警察身边，轻声交谈着，警察边说边把一张单子递给屋主。

这不是我的错，她想，警察会说什么呢，他们会不会把我请进局子里？在加拿大这可是要头一次坐警车。戈里亚还不能单独驾车，谁帮我把车开回去？提起车，我的车呢？莉莉安苔茫然四顾，她感觉自己就是凭空降落在这里，这里发生的一切似乎是因自己而起，却又和自己无关。朦朦胧胧的，好像所有的人都被罩住，大家都在各自的磨砂玻璃罩里行走，她看不清一切。

她的车子就在身边。车头钻进了栅栏里。灰色丰田轿车撞断栅栏旁人行道上一颗橡树，树的半边身子横折在人行道上，树桠树枝耷拉一地，像一只无力匍匐的犬。雪上轮胎碾过的印子脏得叫人难受。保险杠左侧凹进去一个深坑，这是和树争执的后果。车头凌乱的擦痕是倒下的树桠树枝和栅栏的警告。她看向马路，这是一条很宽的双向车道，马路对面才是她靠右行驶的正确方向。我怎么逆行到了这边？我确定是靠右行驶，这么说，我是滑向路的左侧，再冲上人行道，然后撞过这颗成年橡树，再冲进人家的后花园？她拉自己车的驾驶门，门被车头挤压变形，她的左肩扯得发疼。我为什么会不受控制？我做了什么？她越想越用力拉车门。

"妈妈，你想拿什么？"戈里亚走了过来。戈里亚一副无所谓的样子，最近几年他一直都是这个样子，也许这是青春期独有的样子。艾伯特和莉莉安荅三个月前离婚，他也是这幅波澜不惊的样子。

"警察说什么，他们是不是要带我走？"莉莉安荅也强装一副无所谓的样子，在儿子面前，她怎么样都要装作若无其事。

"走？去哪里？"戈里亚皱皱眉，满不在乎地舔一下嘴角，"您哪里也不去。"

"我进了人家花园。"莉莉安荅小声地说。

"您又不是故意的。我看得很清楚。今天的雪不算小。"

"我撞坏了栅栏。"

"确实。这是事实，不是那颗树拦着您，我看您是想直接撞进屋子里吃昨晚的火鸡了。如果他家还有剩下的。"戈里亚似笑非笑。

"我不记得发生了什么，"她本来还想说，就想离你父亲远点的话，想想又吞了回去。"警察和屋主在讨论我的问题。"她说。

"屋主是很生气，谁让你撞坏人家的栅栏，还选这么个好日子。话说，妈妈，你不是答应爸爸明天接我么，一大早慌里慌张地急着接我干嘛？"戈里亚吹吹自己额前耷拉的一缕头发，"害得我的游戏只打了半截。"

莉莉安苔抬起头看看儿子的眼睛，清澈的眼眸，湿漉漉的圆眼睛，和他父亲一样的眼睛。她的心里无端有了一丝安慰。她想对儿子说，圣诞节家里空荡的让她焦虑，她迫不及待地想看到自己的亲人，现在，她就只有戈里亚了，也唯有戈里亚了。她最终什么也没说。她握紧车门，仿佛这个车门就是艾伯特，她要再次狠狠把他抓在手心里。

二十年前，她狠狠地抓住艾伯特的手，再不想放开。父亲发难，责问她为什么要与塞尔维亚人恋爱。"我们阿尔巴尼亚人正在流离失所，这完全拜塞尔维亚人所赐！"父亲第一次朝她大吼，"阿尔巴尼亚人才是科索沃的灵魂！"母亲掩面哭泣，"真主啊，宽恕他们吧，"母亲不停地祷告。"他爱科索沃，他爱我！"莉莉安苔坚定地说，"我不管什么阿尔巴尼亚和塞尔维亚，我只知道，我也爱他。"莉莉安苔紧紧抓着艾伯特的手，她想起结婚的时候艾伯特单膝跪地，在她手背上轻轻的那一吻，那个吻就像是昨天刚吻上的，酥热温润。她不能忘记他的表情，他面向莉莉安苔的家人朋友，右手紧按胸膛，"我，艾伯特发誓，不管我是塞尔维亚人还是阿尔巴尼亚人，我只忠诚于我的国家科索沃和我此生挚爱的女人——莉莉安苔。如有违背，甘愿真主惩罚。"

可是真主在哪里？莉莉安苔手背青筋显露，她眼神空洞地看着自己的手，那只被艾伯特吻过的手，连手都不再像是从自己身上长出的。

"自有保险公司承担，您无须担心。"戈里亚把母亲的手拿开，"车门应该撞坏了。警察已将事故单给了屋主，单上的编号保险公司会去查询。毕竟我们才是受害者，警察告诉屋主，要先关心我们的身体健康。"

"也许我们应该说声对不起。"莉莉安苔说。

"您去说吧，"戈里亚耸耸肩膀，又是一副满不在乎的神情。"也许保险不一定会赔付。"

莉莉安苔露出一个惊愕的表情。"什么意思？"

"没什么意思，警察说撞得范围有点小。"

八、九块破木头条子横七竖八歪在地上，每一块都在无力诉说。

莉莉安苔脑中迅速转了一圈，她盘算自己的钱包，这个月能不能支付维修的费用。

"他们没理由和您要钱，况且您不见得有钱支付。"

戈里亚小声嘟囔。

"加拿大人工很贵。"莉莉安苔也小声说。

"我听见警察和屋主说大概需要一千到两千块。"

莉莉安苔的手搓着羽绒服的口袋内壁，一下、一下，动作轻的没人会发觉。

"他们自会找保险公司想办法的，"年轻人有些不耐烦了。"我说妈妈，我们是不是该走了，好好一个圣诞节，我可不想一直耗在这里过。"

莉莉安苔望向柯林伍德路的尽头，天空掀起一角露出旷远的瓦蓝,几缕云有气无力地缓慢游动。

她的鼻头发酸，眼泪硬生生地憋了回去。

5.　于先生

四月底残雪未融。铲雪车绕着圈转，落地的雪全部堆砌在广场中心，冬天的雪一场接一场，万景广场的雪也铲了一圈又一圈，在广场中心形成个不小的雪山。堆积太久的雪们在四月的温情下破败了，越来越温暖的天气让它们成不了正统，歪口斜眼的滩卧在广场中央。一家子加拿大鹅慢吞吞从广场东边走向西边，头鹅将头摆向右边，后面排成一排的家属们也即刻把头摆向右边，头鹅翅膀扑棱展开，脖子伸向天空，家属们也如法炮制。无人打扰它们，它们有属于自己的鹅生。

于先生坐在餐馆窗边吃肠粉。于先生戴了顶灰线帽子，帽子压住了眉毛，显得他的眼窝处细纹和深纹争相地交织，仿佛要趁着这个机会出来显摆一把。况且只有眼睛有这个显摆的机会——嘴巴和鼻子被蓝色医用口罩遮住了，眉毛和额头又被帽子盖着，这样他露在外面的浑浊的眼睛就难免有些得意。

事实上他确实有些得意。当他面对着两个女儿的时候，他得意之形常常溢于言表。两个女儿就是他的两颗无价明珠，在他眼里，再没有比这两个姑娘更可爱更纯洁的人了。于先生喜欢同时代的香港女星王葆真，他自从许多年前看过《侠骨丹心》里的女演员王葆真，他心底便对王葆真念念不忘。这念念不忘并没有回响，他按着王葆真的形象气质去找相亲，一相就相了很多年。

于太太坐在他斜对面小口小口啜着一碗艇仔粥。于太太五十出头了，到底是比于先生年轻十来岁，圆眼睛周围的皱纹浅浅淡淡。于太太皎白的皮肤，黑头发有些毛躁，长尾夹在脑后夹出个发髻，于太太举手投足都带着股熟透了的风韵。大女儿坐在于太太旁边，正招呼服务生再来一碟虾肠，面前的一碟牛肉肠快要清盘了，一杯豆浆还剩了半杯。

"葆，莫吃那么多啊，这么大个囡啦。"于太太轻声对自己的大女儿说，"二十了这么肥，你男朋友要嫌弃了。"

叫葆的大女儿戴了一幅圆框黑边眼镜。皮肤和她妈妈一样皎白，一头黑色的长发披散背上，斯斯文文的样子。

"吃，不要紧，长身体最紧要。"于先生笑眯眯地看着大女儿。

"我要来一碗及第粥。"坐在于先生旁边的小女儿突然说。她擦的口红颜色发乌，皮肤和于先生一样泛黄，脸庞大过于先生，有点扁圆。头发漂染过，一头姜黄色的波浪，波浪上插着一对大耳朵发卡，或许是猫的耳朵，也或许是豹子耳朵，或许是设计师创造的新型猫科动物的耳朵也未可知。总之是一对大家看过就不会忘记的耳朵。

"要的，要的。一碗及第粥够不够，加根牛脷酥也可以？"于先生忙不迭地回答心肝宝贝。

"牛脷酥你也钟意吃，不如两根？"于太太问于先生。

"我一碗粥可以啦，老人家吃不了太多。"于先生一早已戴回口罩。

"两碗艇仔粥，一碗及第粥，一杯豆浆和三碟肠粉，再加一根牛脷酥，一共 58 块。"服务生打了张单放入托盘送在桌上。

"现在牛脷酥涨到 3.99 了？"于先生把单拿近了看。"我同你们说啊，在我广东的家乡，3 块钱可以买两根啦。"

"这里也是三块钱啊，爹地。"猫耳朵撇撇嘴。

"这是加纸吖，加拿大币比人民币贵了五倍不止啦。"于太太擦擦嘴说，"什么都涨的离煞谱。"

"够买 13 根。"葆小声说。

"那是老黄历的时候吧，爹地？"猫耳朵挽住了爸爸的手臂。

"那是疫情前我回国的时候吖，阿真。天天同一班老友出去饮茶食饭，好惬意。"于先生拍了拍小女儿阿真的手，笑眯眯地说。

"那你不如再返回去食啦。"阿真好像有些生气，把手从爸爸胳膊上抽了回去。

"返不回去了，阿爸老喽！"于先生仍然笑眯眯地看着自己的两个囡，这疫情不结束，回去一次好比登天。"你也要考大学啦，阿爸得看着你考上个不错的学校才放心。"

"切，我才不要像家姐一样乖乖考大学。"阿真的头摇晃两圈，猫耳朵纹丝不动，就像是她自己天生的耳朵，和她狂野的发色浑然一体。有几缕挑染的深棕色头发不甘寂寞地跳了出来。

于太太放了 60 块到托盘里。

于先生从口袋里掏出 5 块散钱一并放入托盘里。"小费要给足吖，老婆。我们不差这三五纹银。"于先生边说着，边拉下口罩，把阿葆身前剩下的两条肠粉迅速夹着吃了。"莫浪费呀，囡，"他说。

他们起身离开了。小女儿阿真照样挽着老父亲的手臂，于先生干瘦，小女儿穿了条黑色的短裤，黑色的长筒过膝靴，露出一截泛黄的大腿，大腿比老父亲的裤腿圆了一圈，姜黄色的头发卷曲在黑色的外套后，猫耳朵支棱着，就差脸上再画几条猫胡须了。

阿葆跟着母亲。从后面看过去，阿葆的身板完全覆盖了母亲，看不到阿葆前面还有个人在走。裤子撑得走形了，浑厚的肩膀上端着一个窄小的头，她边走边把耷拉下来的包带往肩上拉扯一下。

广场也散落了点未消融的积雪，在街角和台阶下，天长日久这点儿积雪已被磨成了又脏又滑唧唧的冰。春寒料峭，于先生把帽子往耳朵下扯了扯。"不要宠着她们呀，囡们都肥过你啦。"于太太抓住于先生的胳膊，细声细气地说。"这几个月你拿回的家用钱，是越来越少了。"

"疫情嘛，接的活是少了点。"于先生抬头看了看走在前面的两个囡，他没有办法不高兴。"出来吃餐饭的钱还是有的，你莫担心。"他轻言轻语说。

　　"她们都可以做小时工了，这么大的囡啦。你年纪大了，多休息一下也是好的。"

　　"不怕不怕，我还可以做得！"于先生撇开老婆的手，上下挥舞，又兜了个圈，在爱人面前充分显示自己的力量。

　　一不小心他转身踩在一块磨得乌浊黑亮的积雪上，他惊叫一声，踉跄两步，眼看就要摔倒地上——只见他的葆真们猛然转身，往前迅即两小步，一人抓住他一条胳膊，把胳膊肘已着地的于先生拽了起来，就像要搬家的那两只大雁带着那只含着木棒的青蛙在空中飞。

　　于先生心里忍不住得意，看，幸得我有俩个好囡！他摸着自己擦伤了的胳膊肘得意地笑。

　　那一家子大鹅被打扰了清净，头鹅翅膀展开"嘎嘎"叫了几声，所有挤在一起的鹅们快速散开，它们打量了四周，见无有敌意，又拢在一起垂下脑袋，打起了瞌睡。四月底的太阳光光灿灿的，这家子鹅们的梦也是光灿的吧。

6.　拿宝马钥匙的女人

　　莽莽江湖山野,藏几分浊垒几尺垢,谁会去深究呢?深圳偌大个山林，来来往往的脚步匆匆，踩过被阳光晒得软塌塌的柏油马路，哪双脚是良木，哪双脚是莠枝，太阳晒的人眼花缭乱，也许只有路知道了。

　　-------题记

　　十二月底的深圳，正经的到了一年中最冷的时候。女士们迫不及待地套上各种式样的薄皮草，毕竟也冷不了几天。男人们也换上了短款大衣。莲花山上秋虫的欢唱早已随着走远的秋日偃旗息鼓,晨跑的人稀疏了很多，从山顶望向山脚的城池，灰灰的天就像男人刚刮完胡子的下颏，远远地嗅到一股清冷的须后水的味道。偶尔一缕虚弱的阳光，照得路旁的红花儿有些恹恹，即便还有些叶子稀疏地挂在树梢，也已走在生命最末梢的阶段，失去了曾经的翠绿，无力枯卷在枝丫，哀叹着岁月的无常。

　　吴小姐可管不了这些。章董，章董事长——她拉长了的嗲声又在董事长门口响起，就像黑巧克力快融化在素白的器皿里，怎么看都觉得甜腻。她穿了西瓜红水蓝条纹的低胸薄毛衫，黑色包臀短裙，边拧着走边往下扯她的毛衫。本来深深的沟壑早已显山露水，这扯来扯去，白白的胸愈发地呼之欲出。章董事长，她嗲嗲地喊，胸脯往上高高地挺起，左右摇晃着，两个白白的半球便跟着她颤抖着进了董事长办公室。

这好像不对哦，我每月绩效奖金该是 40%哦。她俯身在董事长身边翻开了合同。办公室里弥涣起浓稠的香水味，章董的鼻孔不自觉地扩张了几下，他的眼神几次落在吴小姐白花花的胸脯上。股东们意见不统一，３０％也不错了，他鼻音厚重，都是这冷冬惹的祸。不行哦领导，这可是您说好了的。吴小姐给董事长的杯子加了热水，顺势坐在了对面。她坐的时候往上高挺了胸，落座的时候刚好两个半球搁在了办公桌上。您再和股东们商议下么，马上一月份了，我该上任了呀。章董呀……章董的眼里只有搁置在办公桌上的这两个白花花的半边球，好，好，好！他咳着，结结巴巴地说出几个好字来。

魔鬼训练发源于美国的西点军校，我在美国做过几年研究。吴小姐站在讲台上，指着投影侃侃而谈。她俯身之间，紫色衬衣后，一条浅浅的沟壑隐约若现。吴老师我从美国归国后曾在大型外资公司担任副总，是金牌讲师，同时对催眠有很深的研究，做过最好的试验就是将人悬空！以后希望业务部各位同仁多支持我的工作……。业务部有人站了出来，那么就请吴小姐现场做个试验，将鄙人催眠如何？吴小姐愣了神，很快安排来人坐在台前。她叫对方闭上眼睛，她双手从对方身前轻飘飘地滑过，口中念念有词：嘛咪嘛咪哄，嘛咪嘛咪哄，嘛咪嘛咪哄……，声音由弱变强，又由强变弱，折腾了十几分钟，她的助手小声并且兴奋地说，睡着了睡着了！椅子上的男人"腾"地睁开了眼，粗声粗气地喊，谁说我睡着了？这口水喷我满脸叫我怎么眠！

我和市政府的领导很熟，和华为呀、万科中兴的领导也熟，他们都是我的学员，听过我的课，你们安心跟着我，保准赚大钱，咱们一起加油！吴小姐两片猩红的厚嘴唇上下煽动。虽然催眠失败，却丝毫影响不了吴小姐和业务部的员工讲她的荣耀史。不管公司谁反对，吴小姐开始了每天挥着宝马车钥匙上下班的生活。我家住香蜜湖一号呀，二百多面积，有空去耍呀。同事们就纳闷了，香蜜湖一号还没入伙怎住人？吴小姐"咯咯"笑着，我家最早装修呀，都成样板楼了，参观的人海了去，要不你们也去看看？说着她的手机铃铃作响，她接电话的声音很脆亮，徐市长啊，徐市长好啊！我下了班过去，您等着我呀！边说边走远了。剩下几个人的嗓子里就像落了只苍蝇，闷着头散了。

吴小姐有时不穿鞋，光着脚在公司走来走去。行政部出面制止，她仰头哈哈大笑，孔子还不穿鞋呢，谁说人家不文明了？孔子到底有没有穿鞋，行政部不知道，只能告知董事长，董事长正在观澜打高尔夫，接了电话淡淡地说：小事啦，随她吧。她又建议辞退清洁工，员工轮流打扫卫生清扫厕所。人事部门嗤之以鼻，暗地里大家都在议论，哪来的疯人，税后工资一万五，只怕是"睡后"吧！

　　总有人背后想出一些整蛊她的办法。例如有同事在她面前走过时，故意掏出手机脆生生地讲电话，李省长啊，李省长好啊，我下了班马上过去，您等着我啊！她面无表情地听听，灰黑色的眼珠子"骨碌碌"地转动。也有人故意早上在电梯口等她，看到她挥着手里的宝马钥匙出了电梯，忙上前喊她，吴经理，紧着用下你的宝马车送个文件好吧？今天部门没车用了！吴小姐只是稍微停顿下，接着便轻描淡写地说，司机已经把车开回去了哦，要不我打个电话叫他回来？他说还有急事哦。看见对方盯着她手里的钥匙，她撅起猩红的嘴巴，这是我备用的，给你也没用呀！

　　时空快速地穿越，业务部的业绩却每况愈下。股东们联合弹劾吴小姐，吴小姐"咯咯"地笑着，我有董事长签满一年的合同哦，总不至于闹到法庭吧？她的脸越发的饱满了，扑了粉的面庞总怀疑会"噗嗤"地往下掉金粉块。众人咬牙切齿，却也无可奈何。魔鬼训练本来就不是常人能承受的，招不起学员证明现代人缺乏吃苦耐劳的品德，况且我也不是一期没办过，证明还是有市场的呀。吴小姐眼含热泪在董事长面前诉苦，一条乳沟耀武扬威地垂直在董事长眼前。

　　无人会去怀念毫无景致的旧日时光，吴小姐一年合同期满让公司上下无不欢欣鼓舞，暗地里颇有点吐浊纳新的感觉。清静的日子未过几日，忽地接到派出所的电话，要找吴小姐。人事部赶忙打电话给伊人，伊人在电话里嚷嚷，不要再给我打电话了，我已经移民新西兰啦。过得几日派出所通知公司去人协助调查，这才知吴小姐底细。

　　未进得门去，就听得吴小姐高分贝的嗓音：谁来深圳不是赚钱？我又没偷没抢没杀人……警察摊开她的身份证、学历证和高级职称，告知公司来人全都是假证，消息传回公司，章董的脸一下子变成了紫茄子。人事部经理有些发懵，发工资和奖金的银行卡也是吴小姐的名字啊，怎么会假呢？警察同志解释道，这个吴小姐用了其表妹的身份证办了一系列假证，她的真实身份是公安部门通缉的某传销公司头目。

7. 魔镜人生

　　阳光顺着窗帘顶端的缝隙挤进屋内的时候，宋柔刚好转了个身，阳光洒在她水粉色的睡衣上，睡衣袖子边点点的瑰红晕在她白润的脸旁，她的睫毛就像一双合拢了的蝴蝶翅膀，茸茸的、神秘地颤动。

　　照例燃烧起一支白色的爱喜，宋柔的眼睛微闭，一团团的烟雾从床头曲卷弥漫，那双合拢了翅膀的蝴蝶仿佛在丛林中低低的穿行，翅膀轻拍着迷雾。淡淡的薄荷香在卧室里弥散开，清甜诱人。凸窗上翠绿的托钟小人不知疲倦的准时"叮咚"着，楼下传来两声汽车的喇叭声。丁向接你了，还不快点！宋柔妈在客厅喊。他爱来就让他来，爱等就等，着什么急。宋柔细致的化妆，穿衣，白净的瓜子脸在晨光下越发的可人。广州到深圳的距离你不知道？丁向每天都起大早从广州来送你上班，宋柔妈有些生气，粥碗放的时候便有些用力。慢慢吃哦，我要走咯，宋柔拎了小包摇摆着出了门。楼道上响起高跟鞋轻快的"咔嚓"声。

　　宋柔托着腮，望着坐在对面的英国绅士安东尼，安东尼的眼睛像一汪蓝色的湖。她凝视着安东尼的那汪湖轻声问，我美么？安东尼转头看了看自己的太太说，娟子美。宋柔不甘心地伸长了脖子，眼神渴望地问他，那这个屋子里谁最美？空气好似有些凝滞，有人率先打破了僵局，来，柔儿，喝酒。几杯红酒落肚后闹喧的气氛又慢慢弹回这个房间。宋柔连着喝了两瓶红酒，喝完后又撩拨头发又嘟嘴问别人，我美么？朋友赶忙连劝带哄将她送了回家。

宋柔开着丁向的凌志车出入在深圳的夜场，霓虹灯下，宋柔高挑的身材、媚气的眼睛捕获着酒吧间过往男子的心。她喝得醉汹汹的回家，不舒服了便把车停在路旁，趴到草坪上狂吐，又哭又闹的折腾半宿。朋友问她，柔儿，丁向呢？他白长那么大个，白瞎………，宋柔倒也不避讳，手一挥，大咧咧的回答。朋友便讪讪地说，那这车？他送我了，谁叫我美呢。只听"呼"地一声，一团白花花的烟雾裹了淡淡的薄荷香从两瓣柔软的粉唇间喷了出来，那一双迷醉的蝶儿，好看地在烟雾里肆情地上下翻飞。

宋柔把一辆可爱的夹壳虫停进公司停车场，她车上载着一位帅气年轻的小伙。宋柔拉了小伙的手走进公司，大大方方的介绍给同事，毫不忌讳的当众叫他"贝贝"。有同事就纳闷了，小宋，前两天还看到你和楼上的型男在喝咖啡的？这就又换了？宋柔也毫不客气的回答，这喝杯咖啡就情定终身了？敢情你和你老婆是一杯咖啡了事的呀？朋友也打来电话小心翼翼的问宋柔，柔儿，这小帅哥这么快就给你换了部车？那丁向的凌志呢？人家说还在等你呀。宋柔"咯咯咯"笑，像只正处发情期的小花斑母鸡。车是阿启送的呀，哎，那香港仔你不记得？总约我唱歌。小花母鸡"咯咯咯"的笑着，每根羽毛翎子都"呼呼"的往外冒着辣乎乎的热气。我把凌志卖了，他给添了钱换了新车。这不，新车刚开，就让贝贝的奥迪给顶了屁股。

宋柔竟是迷恋上了贝贝，辞去了外贸工作，拽着小她七岁的贝贝去了兰州。想必我真的爱上他了，把他追到手真不容易呢。宋柔就像新嫁娘似的有些忸怩起来，我把他全身都拿尺子量遍了，尤其他那玩意，年轻，颜色也漂亮。宋柔的眼睛亮闪闪的，一双扑闪着翅膀的蝴蝶咀呷了浓密的香气，精神十足的飞过花海。

丁向在中心区再见宋柔的时候有些恍惚，宋柔正被一名中年女子拽了头发，抓了领口拖到了写字楼的大堂。那中年女子泼口大骂，你们都来看看这狐狸精，破坏别人的家庭，你别以为你年轻，一个整容女还敢去勾引我老公，你别以为你什么货色，不要个脸，你以为我老公不会告诉我⋯⋯⋯⋯．

光阴在宋柔的脸上投下少许黯淡的阴影，三十多岁的宋柔没有因为光阴而显得沧桑。她在光阴的把玩里越发把光阴玩弄在手心，她显现出珍珠般的风韵。她捋了头发，抖了抖裙子，轻咳了一声，笑着对那中年女人说，在我十八岁时你老公就把我从米脂诱到了深圳，他和你说了吗？我给他生的儿子今年十二岁了，他应该也没有告诉你吧？他说我眼睛不够大非要我拉双眼皮，估计他也没有告诉你。你猜我的孩子在哪里？他把我生的孩子名正言顺地领养在了你家，哈哈哈，他告诉你了么？.

　　丁向将宋柔拉出人堆，扶她在大堂角落的沙发上坐下来。宋柔定定的看着丁向，她像是认识他，又像是陌生人。她从口袋里摸出一盒快瘪了的深绿色烟盒，一股浓浓的烟味瞬间消散开来。换口味了？丁向问。宋柔没有抬头，你不觉得摩尔的苦味更适合我么？她说。

　　丁向看到一双蝴蝶的翅膀无力的扇动着、扇动着，几滴豆大的雨珠落了下来，霎时打湿了毛茸茸的翅膀，这双翅膀沉重地挣扎了几下，瞬间被更多的雨滴打落的七零八碎。

8.　骆花儿

生命的终结是悄然沉寂还是转入轮回？如若今生的终结是来世的起点，那么转世前在奈何桥上喝下的孟婆汤，真能叫人忘却前尘往事，忘记红尘苦痛，而换得来生的清白安乐么？

　　-------题记

深褐色的药汁油光斑斑，在柠檬黄的灯光下，那汁水竟也微漾起浅浅的水痕，贴着骨瓷蓝花小碗，好像潮汐的海水，轻舔着沙滩。海水悄然退去，露出碗底沉积的沙子，是粗黑的药渣。她揪着胸口，眉头微蹙，肉圆的鼻头沁出茸茸的一层汗珠，圆领玫红白荷叶边皱褶的袖口处伸出蜜柚色的手臂，倒比她本不甚白的脸儿更暗了些。

药汁苦涩的味儿让她作呕，转世前喝的孟婆汤就该是这般滋味吧。这味儿每天都将她带入回忆的波光掠影，让她看到腥秽的忘川河水，翻卷起尘世腌渍的波浪。每晚她盯着碗里汪亮的药水，她就会想到孟婆。想到从孟婆手中接过的便是这样一碗黄稠的汤汁，是让她忘掉过往的良药，她才能闭住气息一饮而尽。

一声无奈的叹息落在白瓷碗边，白瓷碗好像破了个小洞的气球，"呲"出几缕看不见的空气。已经好返，还叹什么气？他的眼睛并没有看她，只顾盯着手中的化验单。他猜准她的叹息声这时定然飘来，药不用再喝了，镜片后的眼睛像一圈圈涟漪间跃动的鱼，是腾出水面的兴奋。结果早了然于他的胸，他是她的医生。他盯着她直垂腰骶的长发，发丝在灯光下闪现出乌金一般的光泽。

"乒"地一声脆响，地上开出几瓣蓝花儿，药渣子溅在白瓷砖面上，就像洁白人生的几点污迹。她蹲在碎了的碗旁，轻轻慢慢地捡着碎片，她的手轻颤，泪珠在眼眶打转，她觉得捡起的，是一颗缓缓活回人间的心。

曾经多少次在地狱与人间徘徊，是医生将她从黑暗拉回了光明。她记得手术器械的冰冷，是医生的话给了她来深圳从未有过的温暖。她想起那天在医生的私人诊所，剧痛使她从黑暗中醒来，她看到医生正在她张开的两腿间忙碌着。小腹牵扯的疼痛让她咬紧了下唇。医生抬头看了看她，轻声说，如果疼，你喊出来。她的泪瞬间"噼里啪啦"地坠落。她抠紧了手术台上的扶手，似乎她所有的苦难都是由这扶手引发，她哽咽着一遍遍问医生，我怎么可能怀孕啊？她看到医生镜片后疑惑的眼神，送你来的不是你男朋友？

女孩们身着暴露的衣衫，徘徊在街边。食街前的停车场有一些姑娘在闲转，霓虹灯就像这些女人闪烁的眼睛，挑逗着夜的沉默。这是深圳一个普通的城中村，当夜晚即将来临的时候，村里的气氛就像煮滚了的骨汤锅，热腾腾地往外冒诱惑的香气。夜色浸泡着桃红的诱惑，更经不起风月的醉意无边。当家乡的月儿藏在凤尾竹梢，当猫儿山上的少女呜哝起叶笛的情歌，当恋人们躲在秀林间私语的时候，她却在不到十平米暧昧的小房间，一次次脱下身上的遮拦，一次次卑微媚笑，再一次次将钱交到亲哥哥的手里。哥哥每天数完钞票偶尔会抽一张给她，去，再买件时髦衣裳！有新衣服穿的时候她是开心的，最开心的时候是跟着哥哥去给家乡的弟妹寄钱。她站在邮局门口看那些上高中的半大小伙子在校门口出出进进，她就会怔怔地发呆。哥哥便奚落她，还想那小子？你早配不上喽！这时她的眼神就像冬日深洌的井水，寒到骨髓的冰凉。

在山脚弯腰劳作的病弱父亲和昏灯下读书的弟妹的身影时常在她眼前晃动。她常常想念远方清秀的山庄，想念后山那片青翠的竹林，想念竹林里吹出的相思曲，想念那个痴痴吹曲的年青人。她想，如果手中端着的真是孟婆汤，当她跨过奈何桥，来世定要做一株家乡水田里结满穗子的水稻花，她祈祷开在情郎家像镜子般闪光的梯田中，在每一个丰收的季节，垂下羞红的盖头，等待被那壮硕的小情郎瞬间拦腰放倒的快乐。

她曾经跪倒在医生面前。医生对哥哥说，这不是钱不钱的问题，幸亏是一期，如果是二期，治疗就要有难度，三期就更危险了！泪水早已模糊了她的双眼，她掐着自己肮脏的身体，恨不能撞死。她听到医生说，先把身体调养好再治疗，刚做过流产的身体还太虚弱。哥哥吱唔着，这要花多少钱啊，现在又不能去赚了……她听见医生吼了一声，你还是不是她亲哥哥！医生愤怒地把病历本摔在了桌上。

白天晴暖的阳光将医生的诊所照耀的纤尘不染，她还学会用电脑收银，这些小小的满足让她的脸上堆着乐意。晚上她在医生给她租的小单房里接受治疗。医生问起她名字的来历，她想起九泉下的母亲，怀她的时候总喜欢吃禾花鱼，母亲常捏着她的小脸慈爱地说，多像刚出苞的稻花呀，就叫她骆花儿吧。医生静静地听，镜片后的眼睛一眨不眨地看着她。他坚持用中药治疗她的身体，他说如果治疗及时，她体内的梅毒会全部排除。有时她会煲好一锅靓汤送给医生的太太喝，更多的时候她陪医生的太太打羽毛球，闲暇也逛逛街。太太只道她是诊所里请来的小帮佣，偶尔也会和医生说，那孩子不错呀，很懂事。医生也不过笑着点头。她懂他的为难，他们的情感只能在那间小小的单房生根，她什么都懂。

骆花儿捡着地上的碎碗片，泪滴在蜜柚色的胳膊上。医生怜爱地拉起她的手，她将尖尖的下颏搁在医生厚实的肩膀上。这个男人，报答不完今生的恩情了。她闭上眼睛，任泪珠缓缓滚落。真的完全康复了？骆花儿抬起泪眼问他。他看着她的眼睛肯定地点头。花儿突然挣脱了他，跑了出去。

分不清是灯光还是月光，晶亮的光芒倾贯了整条街道。整个城市仿佛都融在月华般暖而洁的光晕中。她望着夜色里无尽延伸的深南路，在灯火阑珊的尽头给人无限的遐想。骆花儿在黑暗中笑了。洗净了今生的污浊，在奈何桥上，她要干净从容地走过。来世她要做家乡水田里的稻花，清清白白地临水而立，在属于丰收的季节里自由地绽放。

9.　鱼

　　我蹑手蹑脚地靠近窗台，一个粗黑壮硕的高大男人正面无表情的立在那里。我的心跳得快要飞出去胸腔，落地窗户那么大，他只需要一个抬腿就能迈进来。我怎么办？我怎么办？天哪，我应该换掉我长及脚踝的纯白长款的淑女睡裙，那些可恶的蕾丝会阻碍我的腿，两条腿控制不住地抖。蕾丝在摩擦脚裸，在午夜里发出"嗦嗦嗦"的响声，这响声听来真像惊雷！我应该换上牛仔裤和 T 恤，再穿一双方便逃跑的鞋，我能从别的地方跑掉。但是还能从哪里逃掉？

　　门在窗户那边。这男人的眼睛一眨不眨地盯着客厅，我逃不过他瞪的巨大的眼。那鱼躺在他眼底，也躺在我眼底。那是一条样子像金昌的鱼，圆圆的脑袋，周身在午夜粼粼出一圈金线。个头比金昌大太多，像一头小鲨，这到底是条什么鱼？"你要鱼吗"这声音是半夜三更的一声惊雷，把我震的发抖。他仿佛看见我躲在窗帘后，该死的，他看的见。

　　这帮做死的女人，她们离开的时候也许把窗户大开着，这男人才肆无忌惮地站在这里，他在投鱼问路。他猜想家里是没人，他用鱼来试试看，他要进来行窃。幸亏我没上他的当，我要躲入卧室吗？可是我的电脑我的包我的证件怎么办？我要躲进卧室打保安室电话还是直接打 110？是不是我还没有说完他发达的手臂就能把我撸起来？不然我躲在床底……我这迈不动的两条腿，我狠狠地掐，掐的我自己都快窒息过去。

我们在我的小客厅聊天，对，我们。我们几个"老阿姨"。用那帮小年轻的话说。实际上我们并不见得很老，我们中间最年轻的还未满三十。我的沙发是小小的弯月形，大家毫无坐相，每个人怀里都抱着一个靠枕，好像靠枕比沙发更有安全感。我们每个人都像只慵散的猫，至少现在看起来。实际上她们中有两个是雷厉风行的女汉子，她们的佣金收入相当可观，她们的感情收入基本为零。还有一位喜欢小鲜肉，喜欢高大威猛的小鲜肉。当她唧唧歪歪的说相中的那团鲜肉多么帅的活像潘安在世，她那神情恨不得囫囵吞个仙桃。我们中有人站出来鄙视，这些仙桃基本不中用，关键时候还是成熟稳重男靠谱。是的，我们都是一帮大龄剩女，聚在一起不是谈时尚胖瘦就是谈男人。我们避免谈爱情。爱情是被我们剩女里的齐天大圣手里的金箍棒碾碎的的妖怪残渣。

"你要鱼吗？"，又一声惊雷劈来，我忐忑的要命的腿快磕地上了，我于万分惊恐中依稀仿佛好像看见我心中的那个成熟稳重男冲我的窗子款款而来。这个我心中伟岸的男子穿着考究的白衬衣，有型的西裤，腰系那匹爱马的皮带，真的，说真的，太像云端走下的仙人，那刻在我心里，帅的简直无与伦比。我的勇士来了，我的勇士朝我的方向走来了！我徒增了莫大的勇气，我紧按墙壁撑直了我的老腰，那个铁塔还矗立在窗前。这又怎样，我的那个王子啊，我的王子有型有款地走到铁塔身后，我的脸儿绯红，幸亏这深夜掩饰了我内心的渴望。我的王子正脚踏祥云从天而降——也许，或者，根本就没降落——我的王子在距离铁塔八丈远的位置，深深地望了望铁塔的背影，就一下子从我的眼睛里消失不见了！

我瘫坐在地上。薄薄的窗帘子卡啦啦地有一半也跟着我坐在了地上。我不敢回看，落地玻璃窗究竟打没打开？"你要鱼吗？"，天呐！天呐！鱼、鱼、鱼！我的视线落在客厅的鱼上，鱼的眼睛睁着，一动不动。没开窗鱼怎么进来的？对啊！这么大的鱼都扔进来了，他只需要一个抬腿……，可是，他为什么不进来？我明明在他的眼皮底下，他的眼睛那么大，比地板上的鱼的眼睛还大还圆，他明明看得见我。我要鱼吗？我为什么要这条不知来历的鱼？他为什么在午夜，在月亮升起的时候来我的窗边扔这么个像他一样硕大的东西？他难不成爱上我了？爱上？我大张着嘴巴像地板上频临死亡的鱼，要鱼，不要鱼，要鱼，不要鱼……

窗外飘着雪，一个人影都没有。窗帘静静望着客厅，客厅干净光洁，哪有鱼。我按着闷闷的胸口，一个惊魂未定的晚上很快过去了，这是梦么？不是梦。不是梦么，可鱼又在哪里？我推开窗户，风徐徐灌进来，风裹住丝丝凉的雪花一起灌进我白色纯棉洛丽塔睡衣，我长到脚裸的睡衣徐徐鼓胀，昨晚地板上的鱼在我身上显现，跟着风左右摆动。

　　要鱼，鱼说。

10.　往事如昨

一、富兰卡大妈

灰狗巴士加满了油重新抖擞的冲向马路，有些微小的雨点落了下来，原本晴朗的天变得有些阴沉。司机是个穿着蓝色牛仔裤和红绒衬衣的美国中年男子，牛仔裤磨破了边，衬衣也洗的有些发白，他嚼着香口胶，跟着杰克逊的歌小声哼唱着。鸣看着窗玻璃上偶尔滴落的雨珠，脸色和窗外的天一样黯然。

从美国明尼苏达州的双子城出发，到此行的目的地墨西哥的 CJ 城，需要三天的时间。鸣必须在墨西哥顺利拿到回国探亲后再次前往美国拿到的签证，否则后果不堪设想。临行前，所有的同学都在劝阻他，墨西哥是个完全陌生的国家，签证能否成功，谁都没有试过。美墨边境治安的混乱与复杂早已臭名昭彰，如果被拒签，鸣就没有办法回国探亲，五年了，家乡的亲人只是薄薄相纸上的发黄影子，在月亮初升的夜晚鸣惟有望着东方揪心的思念。拿到墨西哥的第三方签证，鸣才能打开回美的钥匙，才能安心的回家，回中国。想到此，鸣眉头紧锁。

邻座的富兰卡大妈微笑着递给鸣两块麦片粗面包。鸣礼貌的拒绝了。接着她又笑眯眯的拿出一条看上去很好吃的香肠，塞到鸣的手里，小声说，吃点吧孩子。这一声孩子，顿时让鸣心里涌过一股暖流，眼泪瞬时上了眼眶。鸣低头深深的吸了口气，抬起头来看看窗外，洲际公路笔直的往更远方伸去，零星的花瓣儿裹在平整的草地里，红黄粉绿的颜色活泛的跳跃。一些湖泊蓝汪汪缀在幽青色的山脚，那些翠绿、青幽的山，一层、又一层的晕染过天边。

富兰卡大妈是友善的，虽然来之前那帮中国小留学生在耳边不停的絮叨墨西哥人的粗旷和不友好。胖胖的富兰卡大妈有一头栗色的卷发，有些灰白色的头发夹杂在其中。她的脸是红润的，好看的湖蓝色眼睛，笑起来的时候很慈祥。这让年轻的鸣想起远在中国的母亲。富兰卡大妈耐心的听鸣说完去往 CJ 的目的后，有些担忧的告诉鸣，CJ 确实治安混乱，你一个异国人去恐怕会有些难度。不过，她说，总归会有解决的办法。

美国西部是空旷辽阔，正午的阳光泼辣辣的刺人眼睛，尖叶落羽杉林绿阴蓊郁，郁郁葱葱的消失在山的那边。一片连着一片的红褐色荒漠红亮亮的向人和车招手，绿意盎然的仙人掌挺拔在红褐色的土壤里，路旁的小孩穿着花绿的衣服，玩着孩子们才有的游戏。一切都是那么随意，随意里隐约着生气勃勃的气象。灰狗巴士穿越密苏里州的 kansas city 小城、德州的达拉西城，勘萨思城也很快在鸣的睡梦里经过了。奥克拉候马城汉堡的香味好像还在嘴里逗留，车子停在美国的边城小镇尔以帕索，墨西哥 CJ 城不远了。

二、查帕洛村

　　黑黢黢的夜里，安静的听到路旁落叶的声音，爵士乐从某个灰黄的门里溜出大街。鸣站在街角，明显的感觉夜晚的凉意。走吧，孩子。富兰卡大妈的声音从背后传来，鸣扭头看去，富兰卡大妈站在路灯下柔和的看着他，眼神有种无法抗拒的力量。富兰卡大妈的女儿安娜不满意的嘟囔着，仍然打开车门放入了鸣的行李。车子往新墨西哥洲驶去。

　　早晨的查帕洛，一条闪着银光的河水静静的从村边流过，天仿佛打翻的蓝色墨水，蓝的不染纤尘，一朵朵白云在蓝色里静止不动，好像专为点缀这深郁的蓝而到来。乳白色的尖顶小屋混合着西班牙和墨西哥印第安人的风格，悄悄的矗立在田野四周。广阔的平原上，一株株遒劲的仙人掌绿绿葱葱，那些仙人掌绒黄色的花球，就像被阳光呵护的孩子，嫩黄娇羞。带着草帽的村民在仙人掌丛间劳作着，也许有蜜蜂正嗡嗡的飞过。

　　这是新墨西哥洲的一个美丽乡村的早晨。距离尔以帕索三十分钟的车程，富兰卡大妈一家住在这里。早餐鸣吃着安东尼奥大叔拿碎仙人掌炒的鸡蛋，虽然吃着奇怪却也感觉味道不错。早餐后安娜的丈夫阿里拉着鸣在村子里闲逛，每到一处阿里都要把鸣炫耀一番，阿里得意的对别人说，鸣是研究生，而且还是中国来的留学生，这在村里可是从来没有过的事情。阿里是个纯粹的西部牛仔，棕色的皮肤、高而直的鼻梁和健壮结实的体态，一副桀骜不驯的样子。

　　安东尼奥大叔开车带鸣往返 CJ 城两次后，鸣的签证很顺利办了下来，看到鸣拿到签证，这位高大的白头发老人高兴的哼起鸣听不懂的欢快的民族曲调。富兰卡大妈和安东尼奥大叔热情的挽留要走的鸣，三天后安娜的女儿索维亚要过三岁的生日，并且多拉要从拉斯维加斯回来了。

三、辣妹多拉和盛宴

　　多拉真是个充满诱惑力的女孩子，当鸣看到她时，她就像村外草坪上最热情的小母鹿，热力四射。浑圆的屁股，栗色的大波浪在高耸的胸前跳舞，大而深的眼睛，蓝幽幽的放出诱人的光芒。穿着浅黄色超短牛仔裤和低胸 T 恤的多拉，就像这平阔土地上一缕最炙热阳光，一株最娇美的仙人掌花，捕获着过往的每一位年轻男子的心。

　　看得出来阿里对自己这位小姨子相当满意，他私底下和鸣说，多拉在拉斯维加斯上学，没有男朋友。他怂恿鸣，村外的河畔，夜晚的月光洒在河面，月白色的河水像姑娘皎洁的心，被情人的火焰照耀，就能像太阳一样熊熊燃烧。多拉这只美丽的小母鹿冲撞在鸣的心头，就像这西部的天气一样，叫人酷热难眠。

查帕洛的一个阳光充沛的上午，金丝银线仿佛从天而落，射出晶灿灿的光芒。福兰卡大妈家的草坪前，妆点的如同过节般的热闹。五颜六色的气球挂在丝柏树梢，索维亚可爱的照片成串的穿在矮棕树的针叶上。鲜花簇拥着，争先恐后的盛开。乐器被擦的崭新亮眼。鲜橙汁、仙人掌汁、新鲜的啤酒一桶桶的搬了出来，热蛋糕上流着巧克力和奶油，金黄的玉米饼和比萨薄饼油油的叫人流口水。

全村的人都带着礼物来了，福兰卡大妈家的亲戚们也带着礼物来了，鸣把自己随身带着的一个藏青底绣红朵祥云的荷包送给小寿星索维亚，那是临行前那个有着披肩长发的中国女孩送给自己的礼物。人们热情的谈论着，高声的议论当前的局势和庄稼的收成。多拉笑嘻嘻的递给鸣一杯鲜酿的啤酒。多拉的眼神，清澈的就像啤酒的雪花，浓烈的就像酒的醇香。鸣觉得自己的脸被周围的热情渲染的通红，血液里像是有条小虫在摇摆，满身按捺不住的激情。穿着"恰罗士"民族服装的乐师弹奏出激情的乐曲，多拉这只美丽的蝴蝶在激昂的乐曲声中翩翩起舞。大伙儿的热情就像燃烧着的火苗，多拉是火苗中最热烈的火芯，伴随着她腰肢的柔软扭动，马里亚契鼓点更加激烈。阿里坏坏的怂恿鸣上前与多拉共舞，众人笑着、嚷着，推搡着鸣，多拉妩媚的脸一直在鸣眼前晃动，她的眼神充满蓝色的迷人的诱惑………鸣转身举起小寿星索维亚，在这动听的乐曲声中、在这香草扑鼻的草坪，与这些快乐的人们一起舞蹈……

　　很多很多个日子过去了，新墨西哥洲的查帕洛村，就像清晨草尖上最莹亮的露珠，在太阳到来前温润的滴落，那好听的滴落声清晰悦耳的就像在昨天。鸣在多年前查帕洛的那个欢乐的日子里，在阿里疑惑的目光中，对阿里说，我是中国来的留学生，我喜欢的那个人，在中国。鸣的桌前有一张小索维亚的照片，短棕色的卷发，可爱的像个天使。照片的背后，富兰卡大妈用蓝墨水写着：For my dear child（送给我最亲爱的孩子）。

11．　等

　　我一直等到九点。楼上自习的学生已经所剩无几，有两位男生结伴上楼的时候随手买了两瓶矿泉水。八点的时候我撩开结了一层污垢的麻布窗帘，我深呼了一口气，虽然我已知道，眼前会是什么。

　　再没有什么比这还要黑暗的了。窗外是一堵黑暗的墙，重重地压在了我眼睛上。我闭上眼睛等待了很久，那些黑暗仍然挥之不散，只是隐约间白天的景象叠加在了黑暗的空间，田野空无一人，那头牛还拴在不远的树底下。我感觉到它茕茕孑立的影子。楼上的灯光下了一圈霜，白雾雾地围着这栋楼绕了个圈。圈里圈外一片黯然的寂寥。这栋两层小楼仿佛置身在一个黑色的垃圾袋里，只需谁的一只有力的手，瞬间就会把它打包拎走。

　　一个穿红色仿羊绒大衣的姑娘来了两次。六点上楼的时候她来问我今晚什么时间关门。我含糊不清，她不知道我内心多么渴望早点离开。我看着她出门的背影，她红色的大衣多好看啊，在我的家乡，出嫁的女儿穿的颜色正是这样不增不减的大红，红的恰如其分，在冬天的黑暗里就像一卷特赦的令。她叫我姐姐。

　　八点的时候她下楼了。她朝楼上看了又看，问我什么时候锁门。我望了望墙上那个蒙了灰尘的钟表，说快了快了。这个快了是多久，我一无所知，她局促不安地在柜台前转了几个圈。我看着这个狭小的柜台，只放了几瓶矿泉水和饮料几盒方便面和几根火腿肠的柜台，我刚刚躲在柜台下给他打过电话。没有打通。我站在柜台旁看着蹲在地上打电话的我，这么窄的地方怎么能躲得下并不娇小的我，我想不通。为什么我总要窝在那里给他打电话？我说不上来。我看着手机，它出奇地安静。

　　他站在门口。他说他已经在门口站了一会儿。红大衣的姑娘看了看他，更加不安，她说姐姐这下你真的要走。我望着门口的他，下意识地看了眼手机。他笑了笑，问我，走吗？不早了，他望望墙上的挂钟，走吧。小小的传达室里只有这破挂钟的声音，滴答滴答的，叫人气躁。他的睫毛下一层阴影，这让他的眼神看上去多少有些晦暗。我的眼睛斜乜着手机。偏偏一点动静都没有。

　　他往前走了两步，凝视着我的眼。我的眼斜望着黑乎乎一块的手机。他转身走向门口。红大衣的姑娘也往门口走，差点和他撞上。他们都忙不迭地道歉。我找出一把钥匙给了那姑娘。她欣喜地上楼了。

　　他隐在门口的黑暗里。我只看到一双发亮的眼睛。随即这双眼睛因为我的无动于衷而逐渐和黑暗成为一体。我站在门口，手中紧握着我的手机。黑夜里飘来弱弱的一句话，再不走赶不上末班车了。黑夜重归黑夜，这句话挤入黑夜的缝隙，顷刻间被黑夜吞噬。吴仁在车站等我们。

　　吴仁是我的同学，他怎么会认识吴仁，这让我疑惑。我凝视着眼前寂静的黑暗，黑暗也吞噬了他。我的眼前再次空无一人。

　　我把挂钟摘下来使劲擦。年深日久的灰尘已和这钟融为一体。我拨快了时间，我在做这个动作的时候心生了快意。我把我的行李又拖出来看了一遍，该拿的东西都拿了。被褥我卷好了一个卷，塞在纸箱里，折叠床我收起来靠在墙角。过完年，我仍旧得回到这里，继续这份小工，看着这栋教学楼，看着过往的学生，看着我不知道什么时候才能看到底的岁月。

　　我又擦了一遍小柜台。把里面仅剩的饮料瓶子擦得光亮。玻璃角落都擦的一干二净。手机放在我的眼前，丝微不动。我盯着手机，仿佛它有几辈子和我化不开的恩仇。

　　这个世界一下子明亮起来。我做梦一般，望着门前仿若烟花绽放般的灿烂与明朗，心突然莫名地悸动。一列从黑暗中穿梭而来的车队缓缓开过小门前。几辆车的车身都绽放着金亮亮的光芒，霓虹灯有节奏地闪烁车身，照亮了门前，照亮了天空，黑暗在车队的背面节节败退。这仿佛来自另一个世界的光，让我呆立。后面的几辆车上堆满了礼盒，精美的包装纸闪闪发亮。他从带队的头车款款下来。金色的外衣，镶钻的 T 恤，头发梳理的一丝不苟。他对我张开双臂，他高大的身躯越发显得跑车低矮。周身的光芒让他仿佛就是传说中的那个异域国度的王子。哦，我的王子！

他向我招手。我听到他说，抱歉，没回复你电话。

不用说抱歉亲爱的，无需此言，你总是这样喜欢让我等待。

而我喜欢，等你。

我一时忘记了几个夜晚漫长的黑暗。我抬腿就要跑向他，跑向我的王子。

滴滴—滴！车铃声拽住了我的双腿，一辆摩托车在我身边停下。摩托车上的人走来站在我身旁。你不是和吴仁走了吗？我诧异地低头看着一个小时前来过的那个他。他仰望着我的脸说，走吧，要过年了。

他的摩托车上捆着一捆行李，最上面的是一件大红的女士呢子大衣。

我望向我的王子，那个大长腿的家伙正倚着车窗笑眯眯地望着我。他头顶的天空幽蓝深邃，无数的微光从天而降笼罩着他。他的双臂张开着，像一只随时要飞走的鸟。

12.　篦齿时光

　　她低着头，头发湿嗒嗒的还在滴水，那些欲落未落的水珠儿在阳光的折射下清透灵动。她拿一把镶红花的篦梳从脖沿处一直刮到脑瓜顶，不急不缓，颇有韵律。卷曲的长发悉悉索索的落了一地，有的缠绕在她的手指间，她觉着痒了，便轻轻的把这恼人的发丝捻了出去，重新又低下头，一下、一下地就着大好的阳光梳着她的卷发。

　　她的篦梳折了个齿，她摸着那个空齿间，神情坡有些爱恋和不舍。她转过身子，把脸高高的扬起，长长的卷发长及腰际，阳光热热的照射，头发里仿佛冒出袅袅的青烟，她从前额一直往回梳，梳了半天。

　　周一上班，她得着空隙和同事说，快看啊，我的头发最近是掉的越发的利害了，我梳头的时候一抓一大把呢。男同事有端着水杯正好路过听到的，揶揄她道，谁叫古姐那么爱梳头呢？要是我的早掉没了。男同事拍拍自己的脑瓜一摇三晃的走了。古琳脸上便有些挂不住，不大好意思的说，现在的理发店手艺真差，这新烫的头发弯都快直了。背后李姑娘嘟囔了一声，谁烫的头发能架住那么梳的？古琳红红的薄嘴唇动了动，没有说话。

　　古琳六八年出生，来深圳十多年了，一直未能出阁，她和一位女同事合伙租了套房，不咸不淡的同居着。在同事眼里，古姐是个顶顶奇怪的女人。古姐爱晒头发，头发不晒怎么行呵，脑袋会痛的，古姐欲言又止地说。古琳年轻的时候是个丰满俊俏的大美人，现在除了身形有些发福，皮肤还是有着白皙光亮的美。这也许和她用鹌鹑蛋做面膜有关，她用鹌鹑蛋加牛奶和珍珠粉敷面，日复一日。

　　古琳想出阁，一直都想。公司举行酒会的时候，她兴奋的拿出几套衣服和首饰，让同事帮她挑，同事翻翻那些东西，用感叹的语气和古琳说，东西都是好东西，可惜就是过时了。古琳便有些沉默，她拿起一个镶水钻的暗绿色的发卡，伤感的说，一千二买的，当时是时髦的物件。都是他送的，好多年了，我等了他十年，终究也不过是场黄粱梦而已。同事看到她的眼泪滴溜溜的流了下来，将她脸颊上略施的薄粉冲开一条暗隐的小沟。说是和我结婚，其实一直在骗我，我去他单位闹过几次，也去他家里吵过，都没用了。我从鸡西来到深圳，就是不想再听到关于他的任何消息……古琳断断续续的讲着，泪水洇湿了手里的发卡，那暗绿色的发卡遗流出岁月的锈迹，点点的沾在她柔软的手指间。

　　她同事自顾自看电视，电视剧可比古姐这老叨叨的老黄历精彩多了。

　　古琳走在相亲的路上，这几年从未间断过。她总是羡慕女同事的爱人或男友接她们下班，也会痴站着看一对对挽手的恋人们走远，她对家庭的渴望便日渐日深。只是想找个什么样的人，古琳不知道。古琳后来悄悄的喜欢上一个比自己大一岁的男人。当她谈到这个男人的时候，眼角的两道皱纹里都舒展着蜜蜜的笑意，周身掩饰不住飞扬的神色，她说，你们要是见到他，一定会喜欢上的，一米八几的大个，脸就像高仓健迷人哦………古琳和她心中的高仓健游过一次泳回来后，连续几天快乐的就像个小女孩，我们很多话说哦，她甜蜜的笑。

高仓健还是找了个八零后的女生结婚了。古琳笑了笑说，太帅的男人还是靠不住。同小区一个快退休的老干部得着空便找她，她也和这老头出去楼下溜达过几次，一次不知怎么得了失心疯似的，隔着防盗门就朝那老头破口大骂，来什么来，老得比我爸都老，你还想什么美事！那老干部也不甘示弱，又起腰喊道：找你老相好去，去给人家小产吧，活该你头疼！古琳的脸一下子煞白，脖上的几道褶撑出了青筋，滚，滚犊子！她"嘭"的一声磕上了门。

古琳又过起了两点一线的生活，下了班回家捧着电脑看一些个交友网站，正经成了宅女。偶尔碰到饭局，有吃不了的剩菜，她一样样的打包回来，不管是一份肉食，还是丁点素菜，她都拿了乐扣的小密封盒装了，存在冰箱。冰箱满满的全是她打包的食物。上厕所的时候还是不喜欢关门，因这老式的房子厕所没有抽风，她便觉得臭了，蹲在马桶上拿扇子死命的扇着，全然不顾同屋人的看法。周末洗了头发仍旧在阳台上晒太阳，拿那柄镶红花的篦梳饶有节奏的梳理，篦梳滑过发丝，发出流水般细柔的轻响。

古琳想在深圳有个属于自己的小家，她节俭地生活着。只是她攒钱的速度跟不上房价上涨的速度，这多少让她伤心。古琳说，她就是死也要死在深圳，故乡？她说，再也回不去了。

13.　熟溪桥的日出

　　爷爷曾说，只要在熟溪桥看过日出，就能长大。小石子儿不信。爷爷去世后的夜晚，小石子儿辗转难眠，天色微亮的时候，小石子儿睡着了，睡梦中爷爷笑着和他说，起来吧，小石子儿，和爷爷再去看看熟溪桥，看过太阳初升，你呀，就真正长大了！

　　小石子儿很想快点长大，这样爷爷的茶园就不会荒废，每年春天和夏天，小石子儿都会跟着爷爷进山采茶。茶园清幽幽的香味从云雾缭绕的大圆塘茶园袅袅传来，小石子儿觉得那是世界上最好闻的味道，爷爷身上也总有茶叶的清香。爷爷最喜欢小石子儿，给他拿茶叶水洗眼睛，边洗边慈爱地说，小石子儿的眼睛要晶亮晶亮的，这样长大了就能看得更远。爷爷给小石子儿做茶叶煮饼，虽然有一点点苦涩的味道，但小石子儿还是吃的津津有味。爷爷说，苦是为了更甜，小石子儿长大就会明白了。

　　小石子儿盼着长大。爷爷去世后的第三天，小石子儿坐在床上，再也听不到爷爷的声音了，小石子儿哭了。他哭累了就睡一会，再哭累了又打个盹，他想起两天前做的梦。爷爷说想去熟溪桥，也许爷爷这会儿正在熟溪桥，他乐了。他爬下床，穿好衣服悄悄地走出家门。

　　天还黑着呢，幸亏两旁的路灯照的小路温温暖暖的。

熟溪桥并不远,小石子儿和爷爷经常散步到桥中坐一坐。夜半的风凉嗖嗖的跑得很快，小石子儿想着爷爷，也像风一样跑得很快。熟溪桥的小灯一串接一串地亮着，黑暗的水面映衬着它们的倒影,仿佛它们在夜里窃窃私语。小石子儿认得它们，它们也认识这个黑暗中快步走来的孩子，它们卯足劲儿给孩子更多的光明。孩子在廊桥里慢慢走着，爷爷没在木凳上坐着，也没在栏杆上靠着。孩子疑心自己的眼花了,他在灯光昏暗的地方用手摸着，他顺着桥长走了一遍，没有爷爷的身影。他小小声地呼唤，爷爷，爷爷你在么？寂静无声的夜晚，连河水都轻手轻脚地流向远方。

　　孩子的泪落了下来，他又慢慢地顺着桥走，也许爷爷在楼阁上呢。孩子摸索着窄窄的楼梯，登上了岁丰楼阁。楼阁上能听到远处的风声，呜呜咽咽的风声从黑暗中传来。孩子害怕了,他哭了起来。爷爷，呜呜，爷爷……小石子儿蜷缩在阁楼的角落抽泣。

　　小石子儿醒醒呀，你看太阳出来了！爷爷一双暖和的大手把小石子儿搂住，小石子儿顿时觉得身上很暖。爷爷抱起他，他搂住爷爷的脖子，就像小时候一样。太阳苒苒升起，黄金色的光芒照耀着水面,照耀着熟溪桥,照耀着县城的大街小巷。爷爷，像你给我剥的鸡蛋黄！又大又圆！孩子兴奋地指着东方的朝阳，水面黄彤彤一片，一只金色的天鹅扇动翅膀从水面飞过。来吧，小石子儿！小石子儿还没反应过来就坐入了天鹅的背上。爷爷在身后搂着他，天鹅的羽毛光洁细腻，柔柔软软的，小石子儿禁不住将头低下轻轻蹭了蹭。我们出发了，爷爷轻轻地说。

太阳撒下万道金光，小石子儿的眼睛有些睁不开。幸亏天鹅转身背对着太阳飞翔，小石子儿终于睁大眼睛看清了四周。四周群山环绕，天空瓦蓝瓦蓝，云朵儿又白又柔，小石子儿好想扯一块来尝尝，就像爷爷给买的棉花糖！小石子儿摸了摸爷爷的手，爷爷笑了。石子儿看看下面，爷爷说。小石子儿向下望了一眼，太高太高了！小石子儿的眼睛吓得闭起来。爷爷的手紧紧抱住小石子儿的腰，小石子儿瞬间感觉有了力量。

山峰郁郁葱葱，空气清新极了。小石子儿仿佛听到山下的叮咚泉水声和小动物的鸣叫声，一切都很惬意。森林中突然升腾起一股浓烟，滚滚的土腥味从远处飘过来，小石子儿不禁打了个喷嚏。小石子儿转头看了看爷爷，爷爷神情严肃，爷爷拍了拍天鹅的翅膀，去吧，石鹅。天鹅听话地朝烟雾飞去。天鹅从树梢间掠过，在浓烟的上空停顿。小石子儿发现，一条蟒蛇正试图把一头牛吞下去，牛的屁股已坐入了蛇口，蛇紧紧地吸住牛尾，牛的上肢强壮的挥舞，口中发出不安的"哞哞"声。蟒蛇急的吞不下去，粗壮的尾巴击打着地面，搅动了山石，黄土碎石烟尘四飞。小石子儿看呆了，他听老师讲过"血盆大口"的意思，可这蟒蛇的嘴巴太大了，比熟溪桥的桥孔还要大。小石子儿看着被蟒蛇嘴吸得紧紧的牛，牛的眼睛瞪得比熟溪桥上升起的太阳还要大还要红，小石子儿听到牛的心脏"砰砰"跳动，双方僵持不下，蟒蛇翻滚着身体，树木纷纷折断。爷爷，怎么办爷爷？小石子儿喃喃地说。小石子儿的手摸到腰间，猛地回头看去，哪里还有爷爷的身影？

　　小石子儿的汗汨汨地冒了出来。天鹅转头望了望他，天鹅的眼睛温柔，眼神刚毅。天鹅从翅膀下啄出一根羽毛，放入了小石子儿的手心。小石子儿一下子抱住了天鹅的脖子，泪水流了下来。山石哗啦啦地滚落，小石子儿抹了一把眼泪，看着手心里的羽毛，下定了决心。放我下去吧，石鹅，小石子儿轻轻说。天鹅点点头，一声长啸划过天空。小石子儿发现，手中的羽毛已变成了一把宝剑。小石子儿砍断阻路的藤蔓，几根藤蔓滑破了孩子的手背。密林中的草比小石子儿的膝盖还要高，一脚踩上去，惊起一群蚊虫，这些虫子吞噬着孩子的血，小石子儿顾不上扑打蚊虫，跌跌撞撞地奔到蛇牛大战的高地。

　　牛的一条腿比小石子儿的身体还要粗，小石子儿望向牛的头，牛的头像一块巨石，小石子儿太小了。这么小的小石子儿，怎么才能救得了牛呢。爷爷说过，遇到事情要冷静，小石子儿想。爷爷说蛇要打七寸，可是七寸在什么地方呢？小石子儿望着眼前的大蛇犯了难。男孩手中的宝剑"嗡嗡"响了，宝剑的力量带动了他，他狠狠地朝蛇刺了下去。蛇受了刺激，含着牛摆摆头。小石子儿爬到蛇身上，蛇身上很滑，他一点点的移动到蛇嘴处，举起宝剑用力刺下。蟒蛇的身体向前拱起，它试图在一棵大树上把小石子儿给蹭掉。小石子儿一刻不停地刺啊刺，不知道刺了多少次，蟒蛇翻滚起来，小石子儿把宝剑深深地插入蛇嘴，他牢牢抓住剑柄，不被蟒蛇甩脱。他的衣服破了，身上被磨出一道道血痕，被蟒蛇的腥臭味熏得想吐。牛察觉到对手的异常，不停的挣扎，终于挣脱了出去，一股黄烟腾起，牛撒了欢，脱离了险境。头昏脑胀的小石子儿一下子顺着蛇嘴滑到了地上。蟒蛇气急败坏，张开血盆大口朝小石子儿吞去，下意识中，小石子儿举起了手中宝剑……

蟒蛇的血射到了岩石上，红色的岩石在夕阳下神秘地高耸屹立，蟒蛇的身体化为山涧溪水，长流不息。化险为夷的黄牛原来是牛头山的山神，它为了感激小石子儿的搭救，把脖子上的牛铃铛送给了小石子儿。小石子儿把那串铃铛挂在了一颗古树上，风吹过的时候，整个牛头山发出千万只鸟儿的鸣唱。爷爷，你在哪呢？小石子儿望向天空，天空划过一声长啸，一只天鹅驮着爷爷缓缓飞来。小石子儿，爷爷在这里啊！爷爷笑眯眯地看着小石子儿，把孩子接到了天鹅的背上。爷爷，你去哪里了？你不知道，刚刚……，小石子儿的眼泪又要掉下来了。爷爷在这里，爷爷擦去小石子儿眼边的泪说，爷爷一直都在你身边，你长大了，我的孩子。

醒醒，醒醒孩子，小石子儿猛地睁开眼，爷爷！爷爷！小石子儿呼唤着爷爷，原来是一位晨练的老人发现了睡在角落里的孩子，叫醒了他。小石子儿站起来，发现阳光万丈，灿烂的太阳明晃晃地照亮了每一个角落。我长大了！他望着明亮的水面，想起刚才的梦。一片羽毛静悄悄地落在地上，他小心翼翼地捡起，一滴泪轻轻地滑落。

艳遇丽江

二、散文

1.　那夜，我从你窗前走过

已是夜半时分，思绪依然不肯安分，一如炊烟般地升腾、翻卷、充盈了脑海。

辗转难眠之际，心仿佛变成了一片爬满春蚕的桑叶，任由思绪不停歇地咬噬。

终于耐不得这般折磨，索性随手披衣而起，乘着这如水月色，出去走走。

恍惚之中，来到你的窗前。我怎么会来到你窗前来了呢？许是潜意识中此行的目标一早已确定？

你的房间笼罩在夜色中，没有一丝亮光从里面溜出来，一丝也没有。你睡觉是怕开灯的，我差点忘了。

还是那块窗帘，我喜欢的那块，月白色的面料上撒了一些淡紫色的小花。在月光下，小花的轮廓看上去有点模糊，想必仍旧是那种含羞的模样吧？一阵清风吹来，缓缓地卷起窗帘的一角，我竟有些慌乱了，但又没有躲闪，只是侧转身，让眼睛的余光停留在窗前。莫非我怕见到你，又急切地想让你看到我？帘恢复了原样，风儿从我指间轻轻地滑过。头顶的羊蹄脚树上传来小虫吣吣的叫声。

你窗台上的夜来香开了，零星的小白花向夜空中喷吐着浓郁的香气。我一直觉得那种香气是过于烈而俗的，我喜欢的是那盆金枝玉叶，鲜红色、金黄色的花瓣都显得那么的小巧而娇美。看到她了，我看到她了！一时之间，我竟有些欣然起来。她应该还记得我罢？我曾记得，每天你一大早起来做的第一件事就是去看她，给她松土、浇水。

客厅里的那盆富贵竹子长的好高了吧？金鱼不再养了，那个玻璃鱼缸还在么？最后一尾金鱼死后我伤感了好久，……你记得吗？

风儿拂过我的手背，让我有了些许凉意，而你的房间仍然是静静的，你大概是见到周公了吧？有没有和周公谈起我呢？

不知不觉，已在你的窗前站了很久，该走了，真的该走了。转身间才发觉，羊蹄脚树洒了我满身的泪。

紫红色的花瓣雨纷纷漂落下来，有一枚无声地飘落在我掌心，留下满手的花香。

……

2.　陈醋千年

　　是三晋大地的黄色筋脉。苍茫辽远的黄土高坡，空旷寂寥的山谷，清冽甘美的山泉，蓂荚草葳蕤茂盛。万千斯年，光阴的魔瓶将蓂荚草幻变成古国玉液，倾洒出千年芬香。

　　这祥瑞之草，是否为月宫遗漏的琼枝？是否为神农尝百草中偶得的珍奇？酒醋同源，这时光酿制的液体，是否为上天赐福人间的佳酿？杜杼无意酿醋，是否真为苍苍白发的神仙梦中授意？

　　清徐县城一条清冷的小街，却是尧帝建都酿苦酒伊始，是春秋酿醋的作坊。在这条神秘的街道徘徊，绵柔醇香的甜酸味弥漫开来，仿佛周身被浸濡在那若有似无的液体里，每个毛孔都张扩出舒爽的惬意。漫步在这条普通的历史长街，文明古国几千年旺盛的醋文化气息倾泻而来，酸里藏香、香里埋甜、甜中带鲜、鲜意绵绵、绵柔醇美，醇香千年。

　　这便是清徐的醋，山西的醋，陈醋。在这窄小的古街徜徉，在时间与光阴里穿梭，细数过历史的脉络，我在寻求与陈醋千年的相逢。穿越古晋人悠长的时空巷道，浑身浸透老陈醋的芬香。

　　醋香中含苞着厚实的药味，像晒在太阳底的青草，隐约中牵引着嗅觉。火舌里袅袅卷出的是酸香的醋意，醋意里饱含着对药材浓厚的爱意。药材是山涧盛开的奇葩，陈醋是山涧跳跃的灵泉。这灵泉，滋长着奇葩的妩媚，释放她无尽的激情。这灵泉，遇着火既是火，燃烧升腾，倾其一生与药相溶，遇着药即是药，顷刻间融为一体，化为无形。醋与药的相遇，怜怜相惜，医人无数，千古传奇。

惟水中最晶莹者才能沉淀出酸绵的好醋，惟最清冷的水才能给陈醋甜香的灵魂。当甘冽的泉水经长时间的孕育诞生出醋，是水的惊喜。当醋在水中肆意翻卷出世，醋便是水间最华贵的露珠。深得水的娇宠，这颗琥珀色的露珠，恩泽于水，裹携水的灵气、采撷天地的精华，一路款款而来。温润的个性，神灵气秀的韵味，所到之处，芳醇弥人。

好水出好醋，酒醋同宗。某刻星光熠熠处，杜康得轩辕星的光华，酒出。冥冥中神仙托梦，杜杼得其父的精髓，醋出。仙人空灵飘逸出酒的姿态，仙娘迷迭沉香出醋的泽彩。往深处饮醋就如饮酒，饮酒过多让人沉沦，饮醋过多却使人迷醉。情伤饮酒，爱深喝醋，微微沉醉处，酡红朵朵入颜时，前者伤心，后者幸福。

轻叩老陈醋灵动的脉数，思绪沐浴在醋香丝雨里。游走在陈醋浓烈的气息中，我始终走不出对这滴褐色液体的迷恋。历史的烟云明明灭灭，旷古持久的是老陈醋不曾改变的容颜。触摸老陈醋的古典与传说，手中仅握住的是一缕温香，这缕温香从历史的深处用轻盈的姿态飘逸而出，醉了人间。

情到浓时方为爱，爱至深处醋意生。老陈醋酸而不涩，郁而香甜，剥去它琥珀色的外衣，内里隐藏着一颗至纯之心，一缕溢满爱的芳魂。如斯陈醋，多喝何妨？行文结束时，桌上正好有瓶老陈醋，头昏脑花之际，抿一小口，顿时醋香弥散、意味无穷。

3.　艳遇丽江

　　不久前还晃动着万千金缕的阳光，折射在桌上这杯色彩分明的液体上，在我的眼前晶灿无比，我看着这杯色彩亮丽的颜色一点点的沉寂下去，无数的灯火仿佛在霎那间合着音乐和人声流动起来，整个小城又陷入了一如既往的欢乐。

　　我循着这摸不出的欢乐，顺着小城不宽的街道向左往右，我是要走进那流动的光韵里去。纳西的文化气韵无处不在，氤氲在每一条小巷的每一个角落。古老的东巴王国曾经历经过几多辉煌与落寞，我已经无从知晓。我只知道，那些街角摆摊的东巴汉子，他们精巧的手艺和神秘的装饰让我看到他们祖先的智慧。

　　我是快乐的。每个游人都是快乐的，至少我看不出他们背后的忧伤。我的脚掌行过光滑、厚重的青石板路，这种真实的触感让我快乐。鹅卵麻石铺就的街巷，几百年来，无数的生命在这条狭窄的街道走过，这条古城独有的通道，无数的秘密，古东巴王国的生命密码，都被脚下的青石板默默刻记。

　　是谁说过丽江最适合人发呆？是谁给丽江取名"艳遇之城"？是谁说丽江的阳光最温暖？丽江是有故事的丽江，而丽江发生的故事，我想，就是从城里古朴的街道开始。《城记》作者王军说，城市最重要的公共空间不是广场，而是街道。丽江的艳遇，都在幽幽的街巷转角处。

　　丽江的四方街，正是这样的街道，悠长、怀旧的让你遐思。正是这样的街道，能催生化学效应，能产生故事，产生爱情。就像电视剧《一米阳光》里的伊川夏、金正武、伊爱源和年立伦。伊爱源的朋友秀丁，向客人描述丽江的爱情传说时说："丽江古城充斥着来来往往分分合合，每天都有故事发生，有的延续有的就随着丽江的水消失，但玉龙雪山金顶的一米阳光作证，有一对男女用生命在那里镌刻了爱情。"

这样的故事，在古老的这座小城，仿佛也只是沧海一粟。每个人都带着故事而来，在清澈纯净的丽江水里许诺一瓣圣洁的荷花灯，期待自己的故事能与河里那些可爱的鱼儿，一起游向圆满；或者在海拔五千多米高的玉龙雪山就着神圣的阳光暗暗祈祷，冀望自己的故事像山顶的阳光般和煦温暖。我们是个幻想故事总要有个美好结局的民族，所以，每天有那么多的人来丽江，有那么多的人要到丽江这个小小的古城寻梦，有那么多人用自己的手仔细地摩挲过这座光洁的城池，在《纳西古乐》与《东巴乐舞》的古老乐曲里，在纳西民族古老的语言和服饰里，寻找着属于自己的一米阳光。

我一寸寸的抚摸你的肌肤，在几百年前早已形成。在你细腻的怀抱里，我不想为过客只愿是归人。无法控制的私欲啊，你能否感知，梦回前生，想你只是我的城。

离开丽江，我却挥不去那里欢乐，那样的狂欢让人突然想哭，那是狂欢以后的寂寞，丰腴千年的虚脱；就如那杯炫目的鸡尾酒，色彩亮丽的颜色一点点的沉寂下去以后，轻轻的伤，忧郁得让我感动。

4.　你是我的生命

一枚露珠

我始终相信，当月华轻柔地笼罩花园里的草丛和树枝，连鸟儿都熟睡、风儿都悄然的时候，你一定是月亮底下那枚最亮的露珠儿，滑过尖尖草叶，轻轻脆脆地滴落在我怀中。

那个时候，我撩起撒满紫色玫瑰的窗幔，深邃苍蓝的天际，皎白的满月正朝我露出蒙娜丽莎般的微笑。

就连我的呼吸也开始变得像月华一般轻柔。

母亲的歌

我想起家乡起风的山谷，空阔苍茫的山谷。春风在她怀中轻轻呢喃，她怜惜地注视；夏日的风调皮地给她套上闷热的盖头，她微笑地点头；秋风吹皱了她原本年轻的肌肤，她慈爱地默许；当冬天的西北风一路挟驰着雪花怒冲冲的而来呵，她毫不犹豫地鼓荡起母亲宽阔的胸房，任这脾气粗暴的孩子在怀中肆意玩耍。

她是母亲。

我相信万物都有自己的母亲。云彩自在地游走在天空母亲的怀中，河水畅快地穿过峡谷母亲的胸膛。

他在我腹里每一次小小的滑动，我都会再一次虔诚的祝福所有的母亲。

我的孩子

　　我的孩子，你将会是什么模样？每当我走过熟悉的街道，每当我看到婴儿车里小小的孩童，总会忍不住想你的模样。

　　早春三月，我在木棉树下盘桓，我想象你的小脸，该像木棉花瓣般红彤。我想象你成年后的风采，也应像这高大直立的木棉树般坚毅挺拔。我想象你的头发，就像这酷暑时节，街边的乔木落下的黑色浆果，浓黑的色泽，仿佛还飘着甜甜的果香。

　　就算黄褐色也不要紧，我的孩子。

你是我的生命

　　路人，请盯着我高耸如山丘般的腹部看吧，我所有的心思全在山丘海拔的增长；请不要嘲笑我庞大而蹒跚的身姿吧，我所有的血肉只为腹中小生命而丰满。

　　我腹中的小生命，即便你把星星撒满我原本白皙的脸，我也根本不在乎。

　　我满心期盼着你的啼哭划破那个黎明，你幼嫩的肌肤紧贴在我胸口，你的心跳连着我的心跳，一如现在我怀着你一样。我不顾脸上的汗水和身下的鲜血，我满心满眼全是你，我的孩子。

　　你将会让我获得重生，你将会给我一个全新的世界。我的孩子，你就是我的生命。

5.　髻簪螺与花笼嘴

　　时光不用倒回到清代，也不用倒回到民国，时光只需微微地往上个世纪八十年代回眸，夜晚的髻簪螺在广东的一些河堤两旁散发着来自海洋的气味。而远在山西的花笼嘴煎饼，因其朴实的气质，千百年来深受故乡人垂爱。

　　这样的味觉，在岁月深处已然行走了很久。时光再往上世纪三十四年代停留，广东阳江新年行大运的最后一站"永福街"，白日里热烘烘的阳光下，也依然会传出清脆的叫卖声"髻簪螺吆"，夜晚风凉起，髻簪螺的叫卖声更是不绝，买螺的妇人，人字拖敲击着清风明月。是不是正是因了这些盘着发髻的妇人买螺，此螺才叫髻簪螺呢？"清素的螺髻，水灵的眼神，嘴角永远透着几分倔强、几分柔情"。髻簪螺这三个字，总让我想起董桥先生看完《晚春情事》笔下所描写的台南女子春燕来。而上世纪的永福街生意人家多在此居住，和春燕的家庭一样，正是南方富贵人家。这些家庭走出的女子头上抹了桂花油，青丝又黑又亮，脑后盘个螺髻，偶尔插个发簪，香风扑鼻，步履幽然。想来髻簪螺在此街不辞辛劳的叫卖，生意也是极好的。

　　即便是白水煮过的螺，也掩饰不了海洋诱惑的气味，就像"永福街"的春燕们，只看一眼梳着螺髻的背影，便引人遐思。想必这螺，爱的是脉脉的情调，而远方的花笼嘴，却是实实在在饱肚的食物。

　　小的时候见过一些马和骡子，它们的嘴巴戴着竹篾编成的笼嘴。由此看到它们，都是高高的昂着头，无法舔食。可是这花笼嘴怎么取了和骡马遮蔽嘴巴的器皿一样的名字，许是劳动人民来自生活的趣味。花笼嘴是山西晋东南的煎饼名之一，是乡间主妇专为孩儿想出的烹饪花招。主妇们用石磨磨细浸泡过一夜的小米和香料，嫩白的汤汁是做煎饼的原料。煎饼是用专属的煎饼鏊（专做煎饼的器皿，我家乡的是小巧的圆型，中间凹进去，有沿）煎制，煎饼鏊在火上烧热，舀一小勺油浸葱花，待葱花"吱吱"烧响，放几颗花生，再舀一大勺煎饼汁儿，待鏊中满溢了，盖盖子用小火焖熟，出锅后盛在白碟中，焦黄黄热腾腾的好看。然花笼嘴的形状和这煎饼还有些不同。花笼嘴做的时候不需要放满汁儿，只需在煎饼鏊的底部注满，边缘上分别浇上四条、五条汁儿，出锅后像极了骡马嘴巴上的套儿。花笼嘴是专门做给孩子们吃的，想来岁月漫长，北方食物匮乏，骡马却是常见，孩子们哭闹不食之际，大人们取其形状而慰之。

北方的老人也许从未吸过南方的螺，南方人应该也吃不惯北方的煎饼，不管取多么生动的名字，对于味觉，南方北方都秉承自己的原则。但我这样一只北燕，吸溜着南方的髻簪螺，却念着母亲的煎饼。母亲想必煎了香香的花笼嘴来取悦我的儿子，而我儿子的小脑瓜中却想象不出笼嘴该为何物。

髻簪螺什么时候改名长尾螺的，我不得而知。我觉得用髻簪好过长尾，时光中缀出柔软和秀丽的味道。长福街早已隐退在光阴里，改名为长尾螺的髻簪螺，就像旧日的美人，夜晚长长的河堤一样掩饰不住她昔日的风姿。为她而来的人们，一直热闹到凌晨。花笼嘴，偶尔北方的一些老人还不辞辛苦寻找了石磨磨好了汤汁，烧好了煎饼鳌，调好了小葱、花生和油，香滋滋地一个个将它们呈现在饭桌上，而年轻的这辈，会做的已经不多了。

6.　清水萝卜咸水丝

　　"水萝卜……新鲜的水萝卜……"清亮稚气的女声在喧嚣的人群中回转，这声音牵回我忙乱的眼神，循声望去，竟一眼瞥见转角的地方，水萝卜俊俏甜美的躺在小贩的案上。它们展开干干净净的身躯，绽开粉骨隆咚的小圆脸，精神饱满地展颜凝笑，看着它们红透了的小脸儿，我不禁呆了。"北地苦寒，冬夜特别寂静，令人难忘的是那卖水萝卜的声音，萝卜--赛梨--辣了换--,"小姑娘的叫卖声，让我想起了梁实秋先生写过的那篇《北平的零食小贩》。这个随在母亲身旁卖菜的小姑娘，十四五岁模样，面容清俊。或许她并不知道，自己的一声低唤，撩起了我对家乡的无限思恋。

　　我的北地与先生的北地相去不算太远，冬夜同样的寂静苦寒。少时，我却能夜夜拥着亲人们的爱进入梦乡。那样的冬夜叫卖，我自是听不见的。倒是春日温暖的清晨，街头巷尾会不时亮起农人吆喝水萝卜的声音：卖——水萝卜吆；卖——水萝卜吆——吆……即便是个嗓音沙哑的农人，这余韵袅袅的吆喝声也能穿透进我熟睡的梦里，将我从虚幻梦境处扰醒，拽回。而后，我总是静静的蜷在夜梦将逝的余温里，微合双目，侧耳静听母亲在厨房里忙碌的声音。晨曦朦胧里，偶有碗碟交错的叮当，间或刀啃案板的笃笃声。这些声响汇集一起，由厨房出发，颤漾着，游移着，穿过厅堂，在房间的每一处角落里泅游逡巡，最终停在我的房门上，小心翼翼地敲扣着，而后顺着门板的缝隙挤了进来。待我醒来，那般标致的水萝卜正盈盈的凫在母亲的菜盆里，嫣然的冲我笑着，只待我洗漱完毕，水萝卜的清甜脆香味早已弥漫在了整个厨房。

家乡少水而地瘠，绿叶青菜相对少些。在我小的时候，温室大棚也是稀缺之物，现时各种青菜在那时更是罕见。初夏时节，在空气开始香浓起来的时候，每个早晨能吃到母亲做的香喷喷的水萝卜丝儿，那股甘脆清甜的滋味，在那个年代已是一种难得的享受。母亲的刀工极好，她切的水萝卜丝极细极薄；切好的水萝卜丝用盐稍稍腌渍过后，便少了些许辛辣，散发出一股植物原始的清香；母亲将勾兑好醋和香油均匀地淋浇上去，萝卜丝儿便会泛上一层油亮的色泽；母亲又将炒过的芝麻在案板上拿小擀面杖碾得细碎后撒入萝卜丝里调拌。就此，一盘极香、极脆、极嫩、极其入味的水萝卜便明晃晃的摆在眼前，勾出我的馋虫了。我曾经问过母亲，为什么水萝卜丝儿不放在晚餐食用，或是作为中午的凉菜，而非要一早起来这样的忙碌。母亲说，水萝卜丝儿的清爽与麻香的滋味会让人一天的心情都甜爽。芝麻的浓香总能掩去水萝卜里的一丝微辣，但那丝微辣却永远留在我离乡后的每一个晨梦初醒的记忆里。

"……那红绿萝卜，多汁而甘脆，切的又好，对于北方煨在火炉旁边的人特别有沁人心脾之效。这等萝卜，别处没有……"梁先生笔下的萝卜别处没有，母亲的水萝卜儿别处又何尝能有呢。避开北地苦寒，拥着南国四季和暖的阳光，我却常常于这样的暮春时节里,有梦无梦都难眠。

我想念着故乡的春天。

7.　日落阳江

　　如果我能静下来，再静下来，让自己的心绪放低，脚步放缓，我想我能喜欢上阳江这座小城。

　　当阳光在鸳鸯湖面织就金亮渔网的时候，岭南特有的湿热暑气也随着渔网一起往湖底坠落，有丝丝缕缕的风儿开始出动，唤醒了岸畔瘦弱的杨柳，唤醒了孔桥的连环相思，也唤醒了那些高大的椰子树——它们做了杨柳的臂膀，宽慰了柳枝儿的思乡情。椰林上空开始翩飞起风筝，飞得越来越高的风筝招来了云。结束了一天的忙碌，云儿开始在湖面集会，述说各地的见闻，就着碧玉的湖水梳妆，洗乏疲惫。湖水越见得清冽，那些洗漱过正交头接耳的云儿，也越发的洁白喜人。

　　孩子们踩了单车，三三两两的你追我赶。偶尔有孩子喊，我们找含羞草去！那些绿茵的翠草地上，便挤上了几个毛茸茸的小脑袋，低头翻捡着草地。那一簇簇的含羞草，在孩子们的扒拉下，迅速地耷拉了头，细长的小叶片仿佛睡着了，再无半点消息。月亮温和地看着它们，它们仿佛在等待天黑，不肯给月亮照见脸面与手儿。

　　月亮也温和地照在漠阳江上。江水平缓地流过阳江城。宽阔的水面串起绵延的灯火，照亮邻水的人家。邻水的房屋浸染了水气，浸泡了时间，黄色、诸色、褐色等不同的色彩倒影江中，江水涟漪，恍似江南。几条渔船聚集在江面，停靠在江湾，灰色、黄色的上衣与蓝色的校服搭在甲板的铁丝条上，微微地随风摇晃。江面的拱桥上，摩托车隆隆地骑行，姑娘们的长发被风握在手中，滑滑地飘落，又被柔柔地握起。

风儿握住姑娘的长发，穿过古老的骑楼。骑楼经过白天的喧嚣，又迎来了晚上的忙碌。风雨廊上宵夜档子搭起来了，烧烤炉子准备好了，肥美的生蚝排列出来、石磨的肠粉汁儿、海鲜汤圆儿、码得整齐的猪肠碌儿，冰凉的豆腐花儿、回甘的杏仁露儿、香甜的核桃包儿、、、、、、、无一不在骑楼下活色生香。斑驳的骑楼下，百年无不如此热闹的生活。骑楼既挡避了风雨，又富足了一方。

如果我能静下来、再静下来自如地行走，行走在这座悠闲安定的小城，摩挲那些城墙砖瓦，品咂缓慢的光阴，我能知足地享受幸福的滋味，我想，我不会舍得离开这座城市。这里既有时光遗忘的古朴，也有人们永恒的满足。而我，注定了流浪，从一座城市到另一座城市，背负着深深的乡愁，渴望抵达彼岸的光芒。

待我的年华，沉淀到如同阳江此刻静美的日落，我定然摇一把小扇，搬一把躺椅，倚在阳江的湖畔江边，感受这娴雅的风，细密地穿越我的身体，撩过我花白的头发。彼时，时光隽永，此生安然。

8.　天堂桨声

亲爱的，我真的是在天堂么？

当弯弯的多尼船从海的那边缓缓的驶来小码头时，我就更加相信这里是天堂了。

当水手驾驶着轻便的多尼船，在烈日下的清水碧波里漾出水花的涟漪，斜躺在岸边藤椅上的我就有种迫不及待想跳上船的冲动。船身随着水波轻微的摇动，海水轻泛起纯净的泡沫。没有刺耳的汽笛，也没有轰轰的马达声，有的只是雪白纯洁的小水花俏丽的跟着船儿跑，一路笑着推着小船儿来到我面前。

如果说乌篷船在夜里摇唤起苏州吴侬软语的往事，那么多尼船快乐的在阳光下唱着马尔代夫海域自由的情歌。沈从文先生在《常德的船》里写到，要欣赏湘西地方民族特殊性，船户是最有价值材料之一。我想，要了解这片深情且自在的海域，就不能不提多尼船。而自幼生活在北方的我，船儿，是多么诱惑的物体啊。

记得多年前沿着京广线一路南下的时候，除了车窗外郁郁葱葱的绿色让我惊异外，那些从车窗边一闪而过的水面，那些轻横在水边的各色小船都能让我心头掠过丝丝的惊喜。在南方呆久了，虽见惯了各种各样的船只，但是对于船只的窥探，却一直不曾改变。

而看到多尼船来，那种想窥探的念头就更加强烈了！多尼船遥遥的从海天相间处静静驶来的时候，它的异国情调与神秘莫测的气息瞬间就让我惊喜起来！乌拉圭作家罗多先生说，船儿从海上回来，犹如一匹忠于牧场的骏马。我敢说，此刻的多尼船，就是牧场最美的骏马！

船尾的黑人船长，单脚自如的掌舵，海风徐来时，一袭白衣，飘然欲仙；茭白如月般翘起的船头，弯在洁净的水面，宛若即将滑入海面的月亮般让人爱怜。在海风里飘然前行，多尼船依稀散发着椰子树若有若无的清香。海鸟从船前飞向了浩瀚的大海，那边有神奇的，我不曾知晓的世界。一切都缥缈的不切实际，船下的水花咿呀着，和船儿轻松的交谈着，它们在说着什么？五彩的鱼儿在清水中畅意的玩耍，海风柔柔的拂过，我一面向往着船儿驶向更辽阔的碧水蓝天，一面又懵懵的坠入虚幻的梦境、、、、、、、、、

月牙临海梳妆的时候，夕阳正不舍的离去，海面的颜色五彩迷离。多尼船悠悠的驶出了小岛，轻巧的向另一个海岛奔去。海水追逐着小船，泛起快乐的泡沫。魔鬼鱼儿追随着船儿，追随着大海吐露的汩汩心声，去往月亮的方向。岛的那边有船长心爱的姑娘，月亮升起的时候，姑娘在椰子树下唱起婉转的情歌。恬美的海面，柔柔的波浪、悠悠然的浆声和着船长呢喃的相思、、、、、、

亲爱的，我真的相信这里就是天堂。

9.　五月，我们看海去

如果海洋的美是分年龄的，我想五月的海陵岛就像邻家的新嫁娘，既有少女娉娉婷婷的美态、纯情羞涩的神情，又有少妇甜蜜的心情和绵延的春意。

在这碧波清荡的海边，我欢喜极了，仿佛看见久未谋面的亲人，喜悦的扑将过去。这片海，号称中国的马尔代夫，海水清澈，海浪雪白。海浪轻轻的揉着肌肤，温温暖暖。好似孩童肉嫩的小嘴，吸喁着你的肌肤，是那样怜惜、那样娇柔。没有游人叫嚷的喧嚣，也没有小贩尾随的烦恼，整个海滩在阳光底下安静的摇曳着，波涛轻轻拍打着海滩，浪潮退却后是洁净的沙滩。人说水清则无鱼，可是这清澈见底的海边，小小的蟹儿顺着你的脚丫爬着，看着它们貌似软软的身子，趁你不注意轻咬你的脚趾，也让你欢喜出一些恼意。更不用说那些贝类、螺类的生物，总是在你的视线里好端端的落在那里，让你发现，让你捡拾。

略带咸味的海风柔柔的吹起发稍，脸仿佛贴着最保湿的面膜，是水水润润的柔滑。面向洁净浩瀚的海面，凭海风轻佛着脸颊，海风徐徐，闭起眼睛仔细嗅去，空气清新无比，咸咸的味道渗入五脏六腑，只觉得每个细胞都那么惬意。我想，唯有海风能这么沁人心肺吧？这里的海风，就像一只有氧的熨斗，把充沛的氧气舒舒服服的熨平到心底。

阳光是温煦的，丝毫不觉得刺眼，南亚热带的气候清爽宜人。走在五月的阳光里，就像挽着心仪的爱人，一半是轻挽着不想放手，一半是燥热的不舍离开。不用担心自己被晒黑，是你甘心情愿的去日头里沐浴。微微的沁出一些汗来，被海风一吹，是心旷神怡的满足。在这五月的阳光里沿着海滩散步，就像打着一把亮丽的小花伞，韵味十足。

最想写的，还有沙滩呢。不愧有"十里银滩"的美誉，这沙滩，宽阔、整齐、平整。差不多三公里长的海滩，就像一湾引人注目的彩虹，一直顺着海岸蜿蜒，只能看到更远处，一湾银白色的细线，最后在海的那边，这肉眼看到的细线也消失不见。这沙滩，独得大自然的垂青，海沙的细软，比以往踩过的都舒服。沙子纤细柔软，被阳光晒得暖烘烘，脚一踩上去，松松软软，竟然是细腻的触感，就像玉的温润。阳光下，沙子泛着银闪闪的光泽，干净洁白，人称"银滩"果然贴切，这白花花的色泽，这想让人伸手触摸的晶亮亮光彩，不正是银光闪闪的诱惑么？脚踩着这银白色的沙滩，实在不愿拔脚走出，"无法自拔"的成语，是不是也和这有关？脚踏软沙听浪抚琴，面向大海春暖花开，人生的乐趣莫过于此了。

10.　香煎一夜情

　　不过就是一条煎过的红杉鱼罢了，取这么个香艳之极的名字来吸引客源，想来取名之人是煞费苦心。撒了香料在油锅里煎黄，鱼香味扑鼻，郁红裹金色的卖相让人看了食欲大开，忍不住就着香味大快朵颐，入口处肉韧料足、鲜嫩香滑，或许这感觉就如同时下时尚男女追寻的新鲜刺激的"一夜情"滋味？

　　中国人素来是喜欢吃的，并且喜欢热闹，酒肆食坊里总是呈现一派热闹喜庆的景象。东北人家扭出火红的秧歌、湖南馆子挂满火辣的辣椒、四川小店门口站了火爆的妹子、陕北窑头唱起火热的山歌。更不要说布置的细节，能多煽情就有多煽情，恨不得把整个源文化浓缩到餐厅。菜式的名字也是一团喜气：招财进宝、锦绣中华、满载而归、翡翠芙蓉、四喜魔方、八仙过海，让人感觉吃进去的就是满肚福气；也有充满暧昧的菜名，例如：它是蜜、番茄腰柳、夫妻肺片、网油椿榻等，像"香煎一夜情"这么暧昧直接的菜名，倒也是头回听说。想来这些店家使出浑身解术，制造各式噱头，无非是吸引更多的人气，气氛足了，人气旺了，生意就更好做了。

　　说到暧昧，大抵人总是不排斥的，或许有些人更是喜欢。一夜情，也许是暧昧扩散到的一个极致。当初从西方延伸来的新鲜词，到现在已经不再新鲜。KTV、酒吧、网络，为一夜情的产生提供了最好的空间和去处。提起酒吧，我想起深圳有家名为"夜色"的酒吧。原本生意惨淡经营，后来老板经人指点，改名"夜色"，定位为都市饮食男女寻求"一夜情"的特色酒吧，生意爆满、名扬八方，并迅速占领北京、上海等市场，一时间风头无二。这样的场所为一夜情提供了最佳产生地。暧昧的情愫在眼神里无限扩大，最终互相拥有。(也许是占有？)而这拥有的后果是双方既不用负责，又不用付情，也不用给钱，天亮分手，不用联络，了无牵挂。水乳交融间，鲜香刺激。唯一的想念(如果还有想念)便是当刻的激情。鲜辣的感觉纠缠了一夜,早晨离开后残留下的是新奇刺激的味道。谁动了真感情，谁就会先被踢出局。"一夜情"，只是成人间的游戏，一夜之中，从开始到结束，只调情，不谈爱。其他的游戏规则，玩得起这游戏的人你清我楚。至于游戏后带来的伤害，大家一拍二散，互不认账。

这海鱼，在瓦埕里用海粗盐腌制了一夜，海盐的香味和鱼的鲜味慢慢融合，化为一体，在油的温床上风情迷离，活色生香。鱼的鲜嫩和甘美被烘托的淋漓尽致。外焦里嫩的口感让人食不能忘，大呼过瘾的同时，谁还记得肉里是否藏有未拔的刺呢？

周作人先生的散文里喜欢写吃食，"饮食男女，人之大欲存焉"，他认为男女之事到处都是一样，没什么好说。我想，那是所处年代不同。"一夜情"是现代速食的产物，快餐文化的概念延伸到各个方面，连男女之事都无法幸免。中国人好吃，张爱玲说"那是一种最基本的生活艺术"，上辈作家不知"一夜情"始故，也不知现代人的感情观已经流行到从认识到拥有可以浓缩在一夜间完成，趋之若鹜的吃与趋之若鹜的"一夜情"，前者是艺术，后者也许是麻木，或者是充饥。美名其曰"情"，冠冕堂皇谈"情"，并且津津乐道，这个中的滋味应只有"啖"过的人才知晓了。

各地的小吃多如牛毛，去一个地方旅行，吃当地的小吃与特产，已是人们的习惯。"香煎一夜情"，实际为"香煎一夜埕"，"埕"为渔家的凸肚瓦罐，因粤语的发音与"情"相似，时间久了被人灌上"情"的称号。渔家打来的小鱼为保新鲜，放入埕里用盐腌制，第二天用油煎过，配粥、饭，味道甚佳，为粤西部渔民常吃的食物。现在被后人强拉入"情"网里，不知是该为这道菜悲哀还是欢喜了。

鱼不管是蒸熟还是煎透，总归是有些鱼刺，卖相再诱人，吃时也须小心翼翼，一不留神，鱼刺伤人可是毫不留情。

11.　窗外繁星点点

　　我就是在这里望向遥远无边的黑夜,看到窗外闪烁的满眼繁星。确切的说，那些不是漫烁晶莹的星星，那是餐厅华丽眩目的灯光，折射在落地橱窗玻璃。在亮堂堂的大厅里凝视窗外的黑暗，星星点点的光芒让人遐思。

　　不想说话，也不想吃这满桌的佳肴，只想安静的坐着，托着腮，让自己的思绪在窗外点点星光处，随意飘走。每一颗星星都那么美，都在夜里眨巴着自己的眼睛，放出诱人的光芒。我望着眼前自己的天空，却想着你的天空。你的天空也像我眼前的夜空这般的晶灿么？也许有的，也许你从天窗看得到。也许没有，那鹅毛般的雪花正轻扬扬的洒落在你头顶的天窗，那么轻，那么静。而你正在启明星的微亮里，梦正香甜。

　　是不是每颗星星上都拴系了一个好人的灵魂？他们在黑夜里深情遥望遥远地球上的亲人，生怕亲人无法看到自己，所以竞相闪耀么？来过、爱过、走过，生命的意义在最后凝结成一颗颗晶蓝色的小星，被夜空温柔的缀在浩瀚的苍穹，安静清澈闪亮。

　　也许，每颗星星上都住着一位为爱而生的女子，比如织女星、紫薇星，每个为爱而生的女子一生，都是一张粉红色的信笺，对爱人的相思铺满了信笺，开出一朵朵晶莹剔透的花。她们在自己的孤独的枝桠上，缀满一树思念的花蕾，开一路温柔透亮的花朵，照亮爱人回家的路。

　　夜色清凉，窗外疏影摇曳，繁星点点，有一颗星星，只为你闪烁。

12. 灯影花香

　　眼前的这枝梅花，兀自横过华美的绣缎，枝枝蔓蔓，影影绰绰。其实你可以不认为它是梅花，你可以把它想成蔷薇或者其它的花蕾，但我自看它的第一眼，脑中便立刻浮现出弹花香痕写的那篇《看花归来》里的素梅，"有美人兮，揽铅华、虽素裹兮，显妩媚，"我便认为，香过眼前的定然是梅花了。

　　昏灯暗影里，灯影朦胧胧。那梅花灯，姑且我这么叫罢，那梅花灯秀出楚楚的身姿，把个偌大的落地窗辉映出清淡的浪漫，仿佛那素洁的梅花瓣儿也洋洋洒洒的开满了我的裙摆。明知无香，但我深信花气动帘，要不然，这满屋香气浮动着的仅仅是咖啡的醇香么？窗外夜正浓，暗黄的街灯次第亮过街边，疾驰过的车灯好似天边滑过的流星。夜风伺弄窗外的枝叶，发出"刷拉拉"的声音，虽然我听不到，但它们在你面前，摇晃的是这般惬意。

　　幽幽的唱腔弥漫过来，合着悠悠的钢琴曲。女歌者在这家咖啡馆弹了很多年，也唱了很多年。这家名叫乔治·别克的咖啡馆，火红到衰败，倒闭再重新开张，女歌者一直没有变，经典的就像咖啡馆的装潢，一如既往的风格。她的嗓音轻柔的转入你心里，让你在瞬间忘却世间的烦恼和忧虑。她的歌声就像一位老友平和的话语，轻松的给你心灵的抚慰。

　　夜色一团一团的弥散，我想，是王羲之在千年前用饱蘸墨汁的毛笔，浸染了苍穹。暧昧的情愫滋生，在每一对呢喃的情侣间游离，眉眼间都隐藏不住的蜜意。夜浓的粘稠，也许唯有夜才能让花儿更香嫩，风月更无边吧！这销魂的梅花儿，只此一朵，绣在这浓郁的夜色里，勾人心魄。是花的艳丽衬托着夜的风华，还是夜的神秘映照着花的妩媚？竟不得而知，夜深生倦意，明春再看花，灯影摇曳夜正浓。

13.　送你一串五色丝

　　当赵明安老师笔下的艾草香气袭人，醇厚的艾香飘洒整个散文圈子时，我才知又到了门前插艾、粽子飘香的时候，五月初五，又一年的端阳来到了。

　　"五月五，是端阳。门插艾，香满堂。吃粽子，撒白糖，龙舟下水喜洋洋。"每到端午节时，奶奶就会反复念叨这句顺口溜。家乡的端午节，看不到热情磅礴、激情似火的赛龙舟，小的时候总会缠着奶奶问那龙舟的长短，奶奶则用缓慢疼爱的语气说，别吵、别吵，五色丝要编好了！

　　由 红、黄、蓝、白、黑五种颜色丝线合编而成的丝索在奶奶粗糙的手里闪着迷幻的光彩。那是一种孩子们无法抵抗的五彩斑斓的色彩，有一种来自远古神秘莫测的美，让我迷惑。每个端午节的早晨，当阳光亮白地照入房间时，我们的手腕和脚腕上都晃动着这种迷惑人的美。奶奶一边给系着好看的蝴蝶结，一边口中还念念有词的说，避邪去灾保平安喽！瘟神不敢上我门喽！奶奶会一脸严肃的告诉我们，必须要在节后第一个雨天取下，扔到雨水中，方能保平安。

　　若干年后，我在翻阅古书时，偶然看到《风俗通》中说："五月五日以彩系臂者，辟兵及鬼，令人不病瘟"。才知道这种风俗已经由来已久。至于编结五色丝的线索为什么不用花花绿绿的色彩，而用了红、黄、蓝、白、黑五种，也是后来才知道答案。古人认为，青色属木，代表东方，赤色属火，代表南方，黄色属土，代表中央，白色属金，代表西方，黑色属水，代表北方。以动物为标志，东方为青龙，南方为朱雀，西方为白虎，北方为玄武（龟蛇），中央为黄龙，均为灵物。古人相信，这五种颜色代表了五行，属于阴阳的五个方位，彼此相生相克，阴阳协调才能迎吉避邪。五色丝与艾草、雄黄的药用不同，它的产生正是民族文化中不可或缺的根深蒂固的民俗信仰。

奶奶不识字，但正是这种祖祖辈辈留下的风俗，才让她每年端午坚持编结五色丝，为自己的孙儿辈祈福，正是这种根深蒂固的信仰，才让她始终相信，五色丝能带来吉祥。

奶奶下葬的那天，端午节后的第一场雨伴着人们的泪水纷纷落下。我跳入奶奶的墓穴，一寸寸摸索即将安置棺木的土地。我看见几个密封着五谷的罐子放在墓穴的墙洞里，爷爷的棺木在墓穴另一旁。我仔细摸两只棺枋之见间隔的小片土地，地是平整的，没有凸起的地方。我摘下腕上奶奶生前编的一串五色丝，轻轻放在墓穴里。奶奶知道，那是孙辈送给她的挂念。

14.　上水街与铜锣湾

一、上水

　　我在上水街坐了很久。这个季节穿凉鞋的仍然不少，他们的脚趾不会感冒。穿靴子和穿波鞋的步履匆匆，他们也许是水客，早已看惯这老态龙钟且狭窄的长街。我又再一次看到这个老头，也许他的年纪和这条逼仄的街一般老。他的背驼起一座小山包，左侧的身子仿佛被地上的鬼神拉扯——左边更想比右边尽早钻入土里。他拖拉着身体，眼神警醒地看着路人，干煸的脸与枯瘦的手上爬满了老年斑，也许正努力往旁边的麦当劳走去。他的金属长链子空荡荡的挂在胸前，握着拐杖的手指，那个玉面戒指闪着冷光，同样闪光的是另一根手指上的粗金属戒。他上次正在旁边的麦当劳里高谈阔论，他把桌上的报纸拍的嗦嗦响，他说他年轻时候的女人，他说他古惑仔，那些条女都迷恋他。对面看新闻报纸的六十多岁的男人在他眼里还是个年轻人，古惑仔把他的水吹的眉飞色舞滔滔不绝，他粗硕的颈链在嶙峋崎岖的胸膛跳不停。对面的"年轻人"嘿嘿地笑着，偶尔拉下快盖住发丝的报纸咧嘴一笑。这一丁点的笑越发叫古惑仔忘情，他的胳膊上下扑棱，金表和戒指们交相辉映。古惑仔应该像郑伊健那么帅，山鸡哥那么酷吧，而这风烛残年的老头实在是，太矮小了。我当时以为他只尚存了百分之二的人间烟火气。

　　这次遇到他的时候，这百分之二的气息貌似没有再弱下去，反倒和下午的阳光一样，甚至比阳光更烈了！他的拐棍杵在地上"咚咚"响，插肩而过的行人唯恐避让不及。他走着专属他的道，行人纷纷与他让路，他浑浊的眼神警醒，有些小得意，看，你们这些年轻人，我混的时候你们都不知在哪漂着呢。

这条街太破旧了，对面的几户楼房新装修过，窗棂白净的与街道有些格格不入。我看着面前走过的行人，他们的脚说着他们的方言。自从带孩子以来，我一直穿着"一脚蹬"的鞋子，平底、便捷，适合南方所有的季节。

二、铜锣湾

我总是在人未全出的时候坐在铜锣湾的门口，看着这个城市的早晨熟透。每个人都在步履匆匆，我闻到他们毛孔张开的味道，咸湿湿的，像空中飞过的鸟。鸟儿飞翔，寻找食物，我们不停的行走，除了寻找食物，还有纷乱的生活。鸟儿比人类聪明，它们欲望单一。那些门口闲坐的老人，已经是单一的鸟。来来回回叮叮当当的窄轨电车，用繁体字写着：成人两圆六，儿童免票，不设找赎，仿佛写了几个世纪，而时光停滞，你也未知今夕何夕。大昌大押的灰砖门瓦也辉煌了几个世界。很多人说，去到香港，除了看到破烂的楼房与繁杂的人群，什么都看不到。他们不知，香港这样风情的美人，是需要细致地穿街过巷摩挲的，她的风尘与魅惑，是轻易不会被人看懂的迷离……

15.　湖与永生

　　强风来前，湖面被分割成大大小小的几何图形，凝滞。有五朵昏黄的灯光排列湖面，光影从弱到强。我疑心光影拉的最长的那朵灯心的中央，是通往冥界的入口，那里好像有条小船，摆渡了人的魂灵去往湖底永生。

　　每当微风揉皱湖面，几朵灯忽明忽暗闪现，那灯光仿佛永远长明。我不知道它们什么时候开放，也看不到它们什么时候闭拢。我看湖，湖亦让我看够，湖袒露滑腻壮阔的胸怀。那些灯光杵住湖的心窝，散落在湖眼湖的赤膊。沉静无言，神秘莫测。

　　湖底究竟隐藏了多少秘密？就像人的心底，从知晓忧愁到油灯枯竭，总有些秘密外人无从揭晓。每个人看对方都流露出窥视的眼神，既想知晓你的前世，也妄图穿越你的未来。谁先历练了鹰的眼神，谁就抢了食物的先机。

　　没人洞察过湖的心思。也许那几盏灯火在冷冷地诉说，只是无人能懂，或许并没有人真正静心地倚水冥想。就像光阴的某些碎片，连缀成人生无法涌动的回忆。夜色沉寂，湖水暗涌，湖面静止。光影拉的最长的那朵灯火中央，仿佛有一艘船的印记，仿佛能看到一老者的背影，仿佛能闻到老者旱烟的焦味——仿佛夜空传来老者细若游丝的声音：摆渡、摆渡，渡你往永生的乐土！

16.　多晚，都在

　　我偎你怀里，闻你怀里我熟悉的味道；我抚你手，抚你凹凸的甚至变形的关节。你就在这里，你不在这里。你在我身边，你不在我身边——你，去了哪里！

　　白日叹息着，拉扯了夜的衣襟，泪珠打湿夜的衣裳，无人知悉，白日已在囚笼里沉沉睡去，夜晚来临。

　　夜挥舞长杆，搅拌山峦，搅碎大地的梦。夜呵，无声息摩挲，摩挲空寂的苍穹，独自倾听一个个苍白的面孔映掩下，——那些鲜红的心脏里，发出的嘤嘤泣声。

　　泣声远了、近了，远了、又近了……

　　我站在窗口，看到夜盘坐远处，掌中把弄两颗山石。你游丝一缕的声音盘旋、盘旋，在窑顶绕了一圈、又一圈，终究飞入夜的黑袍。我穿不过夜巨大的身躯，夜的周身突地狂风呼啸，我扯不住你枯瘦的手。

　　撕裂尘埃的厚幕，跨越光阴。我听到你说，别怕，我在这里。龙会叼走说谎的孩子，我看到那个害怕的在夜里发抖的孩子，那个盯着窑顶的烟囱像龙一般弯曲的投影而无法入睡的孩子。别怕，我在这里。

　　你的声音，是沙漠中渴盼的一汪清泉，是走头无路的山涧听到的一声佛号，别怕，我在这里。我抓住你温软的手，紧紧的。多晚我都在，孩子，你说。

　　我记不起你的样子了，记不起你的笑容，记不起你的眼神。我记得你柔和的声音，在我生命的舞台，一声又一声响起。

所有尘世汇集的浊流，在你的声音前消散无形，所有的悲愁，遇到你的声音便沉于宁和。

多年前那个浓稠的夜，我跪在你塌前，偎在你冰凉的怀里，拽紧你的手，你手的温度，还是散了。你知道我抓不住你的手，奶奶。你把你的声音，缠绕在我腕，刻画在我心，永烙在我脑海。

你的声音柔亮地挂在我的门廊，照亮我回家，照亮我出行。一路风雨飘摇，走多远我都能听到你的声音，你说，别怕孩子，多晚我都在。

17.　雪二则

春雪

冬日行使了最后的特权，在三月末的天空纷扬了一天一夜的雪。铲雪车在寂静的夜里来回穿梭，发出"镲镲"的摩擦声。早晨醒来，望着这冬日与春光握手的纯美世界，不由感慨冬日的赠予，春天的惊颤。

从来没有像今年盼春盼的这般热切。下雪的日子在二月底就结束了，温度升高，冰雪消融。河谷里黄绿色的草露出面来，花园里的水塘不再结冰，花红花红的鸟雀又飞来辗转梳洗，婉转啼唱。我们以为这就是春归。

只有春天最懂相思。冬日趁着春的得意，送她一个世界的花开。这是春日繁花的第一场盛宴，终结三月的清冷，铺满妖娆的四月。肃穆清明，思念如雪，无暇景明，天上人间。

圆月之夜

你说白雪孤独，那你一定没见过月下雪。

雪花在月光下，笑出了声。那声音就像水晶绽放，就像钻石崩裂，就像儿时第一次咬碎了糖果，脆亮亮地撒满了大地。

那一刻，我回到了童年梦境：梦中的城堡，熠熠的蕾丝，跳跃的烛光和裙摆流溢地板的公主。

那些雪呵，轻手轻脚挤挤挨挨从门缝，从窗棂悄悄泻入，雪从雪的世界而来。无意打扰，天地悸动，那是世间最长情的告白。

彼时，月亮是壮美的少年郎，人间无烟火，时光停滞，月华漫天，雪雪携手，连接天地。

香味袅袅盈盈浮动，仿若仙境繁花。目光所触，天际微微明。一粒雪有一颗玲珑心，漫天雪白缠绕浮世，晶晶莹莹明明媚媚的开放。那月圆之夜的雪，倾诉着说不完的爱情。

你一定没有见过，圆月裹满皑皑苍穹，这壮美的男儿，深情的华光。

18.　我要去草原

　　如果你听过微风为草儿轻悠的歌唱，如果你听过落叶松对蓝天深情的歌唱，如果你听过额尔古纳河对明月清幽的歌唱，如果你听过马头琴在斜阳里揉起思念的弦，那你一定知道，我要去草原。

　　我要去草原。仿佛从岁月深处逶迤而来，是降央卓玛醇美的歌声唤起我对草原深情的向往，那如茵的草原啊！一个只有二十四岁的女子，她对草原的热爱竟是如此绵长。你听，沧桑里的透彻，透彻里的纯净，纯净里的轻盈。你听，绿荷边滚动的露珠，绸缎上滑落丝雨，花朵间萦绕的芬芳。你听，这世间最纯美的女中音。

　　我要去草原。是风柔柔的牵了我的手，轻轻推开繁花编织的门；我被草原辽阔的臂弯拥在怀里，我沉迷在草原青翠色的眼眸中，我贪恋草原高旷的身躯。我宁愿做草原上空漂浮着的白云，在草原无暇的纯净中沉沉醉去。我宁愿相信奔驰的马群都是白色的，所有的白马都高大俊美。

　　我要去草原。摸索着草原的温软，草原的鲜花正在盛开。偎在草原阔广的怀抱，草原的肌肤亲密温暖。温情的草原静静的仿佛瑞雪初降，有一种无声的安宁。软酥酥的风把安静与温宁轻柔的拂在身上，就像降央卓玛的歌声仔细的熨贴在心房。她圆润的歌声宛如碧空洒落草原上明丽的雨，那雨点穿了跳舞的小鞋，沙沙舞蹈的声音在草原的每个角落低婉回荡。

　　我要去草原。洁白的蒙古包散落在一碧千里的草原间，云朵安静的依偎在蒙古包旁，倾听谁家滑出马头琴低沉的乐音，在空旷的草原轻颤起悠扬的韵律。翱翔在蓝天碧水的雄鹰，激荡着草原博大的情怀；牧民的羊鞭声儿响彻在远方，蒙古汉子辽远的长调在天地间浑厚荡漾；疾驰的骏马撒着欢儿奔向额尔古纳河，豪放的马蹄腾起自由的水花；谁家的炊烟在蓝天下轻柔的呼唤，将额吉阿妈慈祥的眼笑成天边升起的月牙。卓玛的歌声是舒展的，我在草原的怀抱里也是无比惬意。

　　我要去草原。沿着歌声的方向，降央卓玛的声音展翅高飞，高音区圆润丰满，低高音区回环缠绵，她的音域如草原一样宽广，歌声里有人间一轮最美的月亮！空寂的山头，水晶般的玉轮晶莹于深邃的天边，泛透荧白的清晖。月亮下围着篝火起舞的蒙族姑娘，翩然凌空的舞姿羞红了百花，曼妙的身姿像月宫嫦娥仙子般轻倩玲珑。静静的额尔古纳河揽一轮玉镜般的明月入怀，牵一丝烟霭般的相思入梦，在静谧的草香中，就着马头琴挑拨的弦声，让我坠入如痴如醉的梦境。

19.　弯月如钩

　　我靠着摇椅轻晃着弟弟，落地窗外的湖面寂寥无声。一勾极细极细的弯月不经意间落入我的眼——颜色橙红，像一根细细的被小孩子伸入灶膛里烧弯的铁丝。这小小的弯月知晓我在凝神望它，它得意起来，在我的注目下逐渐地膨胀，膨胀，终于涨成一根饱满的、熟透了的香蕉——它不争不抢地悬在半空，我看得见它浅淡的笑容，虽说被云遮住了。

　　哥哥自己静悄悄地睡着了。他烧了几天，烧退后神情低迷。弟弟哭了一个晚上，他低烧过后不爱吃喝，黏人又爱哭。车厢实在是太狭窄了，弟弟不离不弃的小熊枕头不能如他所愿放置，他始终找不到一个舒服的姿势。他好不容易进入沉睡，又总是被车窗外救援队的声音吵醒，如此反复，折腾了一个晚上。折腾他们的还有我不住的咳嗽声，我咳了一晚，心肝肺都要抖成一团。我们的车在高速上坏了，正无助地等着救援队的车到来。我们的车子被安置在救援车的车厢，之前落下的两扇车窗因为车子发动不了只得在这夜风中刷刷地灌进冷风。哥哥在右边呼呼大睡，丝毫不受外界影响。他自己盖着毯子，我又给他拿衣服围了头，希望不要着凉。弟弟在我的左臂弯里睡着了，他紧紧抱住他的小熊枕头，我又给他扣了帽子，他不情愿的哼唧了几下，还是沉沉睡了。至于我腹中的宝宝，他大概体会到我的不易，在该折腾的时间里不动不闹安静地呆在他应该待待地方——这让我常常忽视他，也常常忘记自己是孕妇。在这深夜，我默然地回忆新疆作家郭文涟老师写关于他母亲的文章————他年轻的母亲，带着孩子们挤在无蓬大卡车的车厢，冒着大雪与严寒穿越戈壁，穿越大漠，扎根于茫茫的戈壁。比起那个时代伟大的母亲们，我们这个年代的女性何其幸福。或者也许做了母亲，女性内心的坚韧和强大才会蓬勃。

　　几经周折，待到我抱着弟弟轻晃着摇椅，已是拂晓时分。一夜无法睡着，此时不由得总想闭眼沉入睡乡，可弟弟小小的身体紧靠着我的胸口不能放下。我轻拍着弟弟的背，眼皮沉重的耷拉。那弯钩月应是上天专派来搭救我颓废神经的使者，她用让人振奋的红彤彤的颜色与蒙拉丽莎般神秘神奇的微笑，给遥望它的年轻母亲平添了许多力气。我承认自己内心一直住着一个长不大的小孩，望着天空的这一刻，内心的小孩隐退而去，责任叫我蜕变成熟。天空一点点泛白，那勾弯月逐渐隐去，又是崭新的一天。

20.　母爱无涯

世界上有一种最美丽的声音，那便是母亲的呼唤。

——但丁

载着母亲和父亲的车瞬间融入无边的黑夜，夜色粘稠，我站在寂静的夜里，眼泪在眼眶流转。我知道，母亲再一次把我扔在了他乡的路上。我转头望向二楼的卧室，孩子们都熟睡了，屋里的小灯昏黄的颜色在这被黑夜无限扩大的空间里显得格外的渺弱。身畔长长的街道，浓的化不开的黑暗，再不见一辆车驶过。我硬生生地将让泪珠抹掉，不让它们脆弱地滴落。

哭泣又有什么用？我早已学会不再哭泣。那流泪的功夫除了耗费心力，对于生活于事无补。作为几个孩子的母亲，我得算计着这分钟的时间，叠一堆衣服、丢几袋垃圾、清理一下地上的玩具，做一些杂七杂八的家务，还得保证自己的睡眠——而我知道，母亲回国的这个晚上，我未必能好好酣睡。母亲正在前往机场的途中，她定会在某条街道为我红了眼眶，为我轻轻抽泣。她定会在飞机上一遍遍地倾诉，这离得太远，怎么行……，她爱哭，眼泪是她悲伤与喜乐的通行证。她不轻易看电视剧，人家获得幸福她哭，人家陷入苦难她哭，我常常问她，你哭什么呢？她总是擦擦眼泪说，生活太不容易了……

生活诸多不易，母亲早已看透。在她经营药店的三十多年中，她熟知她的客户，有些孤寡老人或贫困户，她通常是进货价格卖给他们，或者包好几天的药量送给病患。谁家需要她打针输液或者瞧个头疼脑热，一个电话她骑起自行车就赶过去。只要有她在店里，买药的不买药的挨挨挤挤满当当一屋子。这么多年，她挨着枕头就能睡去，是她的工作让她踏实睡眠。

而也正因了她不能舍弃的工作，几年前她将生完大宝刚坐完月子的我扔在了深圳异乡的街头。那时我尚年轻，不懂厨艺，不会照顾怀中初生的婴儿，母亲说，前路都是黑的，你且得自己摸索着往前走。于是我摸索着前行了，于是初做了母亲的我，在孩子熟睡后手洗宝宝的衣衫，收拾宝宝的玩具，半夜边喂宝宝吃奶边打着盹儿，边打着盹儿边钻研婴幼儿食谱。再没有一个整晚的睡眠。

做了母亲后太忙了，忙得连哭泣的气力和时间都没有。只有母亲有空探访，我紧绷的神经方能松弛。她管着孩子收拾着家务，我能出去逛逛街并约会好友喝茶聊天。母亲说，去吧，出去多玩一会，趁妈在这儿。真是"母苦儿未见，儿劳母不安"。母亲爱聊一些故乡的俚语趣事家长里短来逗我开心，有母亲在身边的日子，每一天都很快乐。

那晚，我的三宝儿刚过完一岁生日，母亲便将我丢在了异国的角落。母亲说，路都是人走出来的，既然你选择了这条路，你爬着也要走好。我没有多余的眼泪，我不准备把时间用于哭泣。我从黑暗中返回家里，想从母亲与父亲回国之事中抽离，我需要时间来做更多的事情。我去烘干机里取衣服，发现烘干机里空空如也，才想起母亲上车前说了句，衣服都叠好归位了，而我正忙着钻在她怀里不舍地嗅着母爱的味道。我去拎洗手间的垃圾，才发现楼上楼下的垃圾桶都干干净净套好了新的卫生袋。我打开冰箱，想琢磨一下明早的吃食，却看见冰箱里归置整齐，烙好的春饼摆满了碟子，包好的饺子包子冻了满满两层……

瞬间我泪如雨下，我紧抓住冰箱把手，仿佛那两只把手是母亲苍老的手臂，而我，多想挽着她的手臂尽情地哭一场。母亲爱着她的孩子，她尽她的所有和所能，去给她的孩子更多傍依。"灿灿萱草花，罗生北堂下。南风吹其心，摇摇为谁吐？慈母倚门情，游子行路苦。甘旨日以疏，音问日以阻。举头望云林，愧听慧鸟语。"

我从故乡出发去往深圳，又从深圳出发来到加拿大。渐行渐远，母亲往往叹息。未做母亲前我不屑她的眼泪和叹息，当我做了母亲后才明白母亲沉重的牵挂，"儿行千里母担忧"，那份郁结于心的牵肠挂肚是母亲对游子割舍不开的爱。也正是我成为母亲后才更懂母亲，懂母亲坚强的意志和柔韧的胸怀，而我，也越来越成为这样的母亲。我的母亲，她的臂膀护我周全，给我力量，推我前行，不管我走到世界的哪个角落，母爱带给我的勇敢与坚强，是我一生受用不尽的宝藏。

我与母亲已经四年未见。疫情阻隔了距离，但阻挡不了相互关爱的真心。母亲离开加拿大后，新冠疫情犹如洪水猛兽来势汹汹，席卷了世界。唯有与母亲视频方能缓解焦虑不安的心情。母亲一遍遍地提醒，出门要戴口罩，无事不要出门。学校停课，三个孩子每天都在家中大闹天空，除了操心孩子们的饮食，陪他们读书与游戏也是重要之事。春天带着孩子一起种花，夏天和他们一起清理草坪，秋天与孩子们一起扫落叶，冬天则是一起堆雪人滑冰。加拿大四季分明，我带着孩子们见证四季的变化，我在孩子们的心田种下一颗希望的花种，见证他们慢慢发芽长大。

　　母亲给不了孩子全世界，但在孩子心中，母亲春风细雨般的爱与关怀就是整个世界。此刻夜深人静，我想念着母亲，母亲必然也在思念着我。我凝望着窗外黑沉沉的夜，仿佛望见母亲黑色的眼睛，我知道，不管我走到哪里，都永远走不出母爱的牵挂。

21.　多伦多的雪

　　雪花又在趁人不备的时候降临了多伦多。加拿大的冬日雪花是常客，她们总在夜晚纷繁潜入，又在清晨悄然离开，也会将黑夜与白昼缝合，打着旋子舞就整天。朝着黑夜昏亮的路灯望去，雪花纷纷扬扬地弥散，那股子撒欢儿的劲头，总让我想起童年的故乡，想起童年的我在冬天雪后满街疯跑的旧日时光。在我童年记忆残存的有限片段里，故乡的冬天也是漫天大雪，满街铺实了厚厚的雪花，房顶树杈晶莹洁白，和多伦多雪后的街区别无二致。

　　记得小时候的冬日，清晨推开门去，雪白了街巷。踏着厚厚的积雪穿过长街再走过胡同上学，是冬天最惬意的时刻。且不说空气清冽，单看街道旁的柳树枝桠间蘸满了雪花，朝天的树桠裹紧雪花炫耀，朝地的枝干黯然着脸儿无奈，明明暗暗的像油画，虽然那时候我还不懂什么是油画。一路上一树挨着一树的晶莹繁华，直叫人看不够。一路滚个雪球，一路兴奋地东瞅西看，待去到小学校，大雪球也滚了两三个，裤子和棉鞋上早粘了密密的白雪，仿佛雪们也要紧跟着上学一样。胡乱拍两下，死劲儿剁两下脚，并不想把雪们全部甩去，粘点雪花多带劲儿啊。

　　在我的记忆深处，故乡的雪很厚很美。而母亲说那只是我单纯的想法，还是多伦多的雪更多更密集。多伦多从 11 月份下过第一场雪后，整整一个冬天，铺天盖地的雪花，从来就不让人间消停。总是屋角树下的雪未融化，再一场浩浩荡荡的雪从天而来，糅合了旧有的残雪，积满了房前屋后，铺平了大街小巷。有雪的日子，夜晚总是不寂寞的，大大小小的铲雪车在深夜轰隆隆地驶过，铲雪车总爱和雪花较劲，雪花就卯足了劲儿，不将多伦多打扮成冰雪的世界，雪们便不回天庭。

下完雪后的早晨，天空沉静。天空像矿泉水般透明清澈的色泽慢慢地聚集，直至清冷的绿，浅淡的蓝。街道两旁的枫树与橡树、公园边的槲树和苍松，峡谷里的冷杉和白杨，被雪深深拥抱后的痕迹，虚虚实实，黑白妙境。枝头雪白蓬松，枝干明明灭灭，这般秀丽凝重，像极了中国的山水画。我在每一个雪后的日子里，总要凝神细望，仿佛望见我故乡影影绰绰，那些被我遗忘的故乡冬日，也一并在这剔透的世界显现，那些我童年冬日里曾邂逅的雪花，也夹杂在多伦多的大雪中来探我，亲昵地缠上我的裤脚与发丝，就像儿时一样。

很多作家爱写故乡的雪。记得鲁迅先生曾忆江南的雪，"可是滋润美艳之至了。"我的故乡不在江南，我的故乡在华北，在山西。当我重读先生的《雪》文时，我搜索了脑海中所有关于童年冬日的记忆，我故乡的雪与江南还是不同。儿时的雪是纯粹的，是记忆中永远存在的童话世界。多伦多的雪与江南更是不同，多伦多的雪厚重博大，落尽人间苍茫。唯一让我感到宽慰的是先生写道"雪下面还有冷绿的杂草"，而这般"冷绿"的颜色，是我在多伦多度过寒冬才深深体会到。多伦多雪后树下，那被树荫遮蔽的一圈儿下的草地，白雪不曾到访，青草的色泽"冷绿"无比。如果是小雪当头，屋后的草地与青松上薄薄地一层，我就会想老舍先生的《济南的冬天》，"最妙的是下点儿小雪呀，看吧，山上的矮松越发的青黑，树尖上顶着一髻白花儿"，薄雪的来临总让我怀疑自己身处何方。当代作家迟子建先生也很喜欢写自己故乡的雪，当我读到她的"雪花如蝴蝶一样在空中飞舞"，"北极村的雪花朵大、疏朗"，"落雪的天气通常是温暖的，好像雪花用它柔弱的身体抵抗了寒流"，我就会遥想她东北的雪，北极村那些稠密的雪花应该和多伦多的大雪相似吧，不管是江南的薄雪还是东北的冰雪，或者是老舍先生笔下济南的小雪，那可都是我们大陆清美的无与伦比的雪花呵。

我已久别了故乡，就像我亦是久别了童年。故乡是我通往人生的第一个站口，我潜意识的启蒙从第一个站口出发。童年的记忆随着时光的逐渐老去而变得愈加清晰，这固然是童年时光的珍贵，也是对撼动不了时间的无奈。

雪落后的早晨，从餐厅的落地窗看出去，烧烤台与草地平为白皑皑一片。孩子们喝着牛奶，涂了榛子巧克力酱的吐司脆香味美，他们吃得津津有味。又下雪了！他们欢呼。而我脑海中正闪过母亲为小时候的我准备的冬日早餐：慢火熬成黏稠的小米粥与炒得喷香的土豆丝，在雪后的早晨吃上一碗，一天都暖暖和和。

听闻故乡也落了场大雪。

22.　凯丝妮太太的来信

四月中，凯丝妮女士写来一封信：亲爱的贾斯丁，你在不上学的日子里都会做什么？你阅读自己喜欢的书吗？你养了喜欢的宠物吗？你会帮忙做家务吗？我和我的豚鼠都很想念你。你在课堂上的奇思妙想让我常常想起。病毒很快就结束了，相信我们会很快见面。落款是凯丝妮太太。

凯丝妮女士的豚鼠放在教室里，贾斯丁偶尔会带些胡萝卜或者苹果片去给它吃。三月中安大略省全面停止上课后，贾斯丁常常念起这只豚鼠，明里暗里都希望我能允许他养宠物。于是他拥有了一只鱼，他把这只鱼写入了给凯丝妮女士的回信。

五月一号他们"见了面"。开学的消息遥遥无期，贾斯丁学校的老师们自己组织了活动。老师们驱车慢行在社区，在各自的学生家门口小驻，车上绑着五彩的气球，阳光灿烂，这些鲜艳的色彩带给病毒肆虐下的天空一丝温暖。凯丝妮女士在车里挥手，贾斯丁朝窗外的班主任不停地挥舞着双臂。我说你快点到门口去呀，我急得拽他。孩子挣脱我的手低下头说，不去妈妈，外面有病毒。

日子过的缓滞，五月底的一天午后，门铃骤然响起。一位着蓝色短袖印花衬衣和白色七分裤的白人女士站在门口的大花缸旁。她金黄的头发都快被太阳烤糊了，胖胖的脸上雀斑在大太阳底下越发热烈。是凯丝妮女士！她专程来访是想问一问为什么贾斯丁的作业没有及时传到网络上，是遇到什么样的困难，需不需要学校和老师的帮助。她在离我们两米多的地方站着，额头沁出了汗珠。她还给贾斯丁带来了一个用银色包装纸包好的小礼包，礼包外面贴着一朵紫色小花。礼包里有泡泡水和一些糖果，还有贾斯丁最爱吃的S'More（一种饼干夹着烤棉花糖和巧克力的甜品）。凯丝妮女士附上一张小卡片，卡片上写道：可爱的贾斯丁，很高兴你在网络课程上优秀的表现，我们继续网络课程，疫情很快就要结束，我们就要再见面。贾斯丁捧着老师给的礼物咧着嘴笑不停，他把这个礼包珍藏在自己的书桌上。

暑假开始了，贾斯丁的三年级就这样结束了。他也许不会再见到凯丝妮太太，加拿大的老师一年或者两年就要轮流，凯丝妮太太也许会回到教育局去工作，或者调任到了其他学校，也许去了其他班级。爸爸去学校取回了贾斯丁的书本以及毕业相框。毕业相框的背后黏贴着凯丝妮女士的信：亲爱的贾斯丁，这是多么美好的一年啊！可惜这几个月都没见到你本人。然而，即使我们分开了，我仍然感觉我们在一起！我喜欢做你的老师，我希望你有一个美好的夏天！

病毒无情，让人与人产生间隙和猜疑，让所有人不安和惊慌。凯丝妮女士的信似七月热情的阳光，这阳光扫除阴霾，这阳光像一束光明呵护着孩子幼小的心灵，给孩子鼓励与庇护。居里夫人曾说，不管一个人取得多么值得骄傲的成绩，都应该饮水思源，应当记住是自己的老师为他的成长播下最初的种子。任何付出真挚的爱的人，都值得我们尊敬和想念。贾斯丁会想她，我们也经常念起她。

23.　母亲的忧心

　　扭曲挣扎的 2020 年,终于还是被时间之神的手缓缓地封入水底。在关闭的那一瞬间,所有的人不由长长出了口气——终于结束了,这疯狂的一年!随即心弦又被吊起,旧年的顽疾并未远去,崭新的一年又该如何从容?

　　从年头走到年尾,速度快的像一眨眼,从年初行至年末,却又像在海中行舟,漫长地望不到岸。这种焦虑是抓心挠肺的,尤其家中有孩子老人,担忧更甚。从一个冬天走到了另一个冬天,病毒在这个星球肆意蔓延,寒冷与炎热都未让它消除,它躲在一个角落,诡异地看着全球不安的情势。疫情开始,我们不再走亲访友,不再聚餐,不再带着孩子们去游乐场玩。孩子们夏天在房前屋后散步骑车,与迎面的来人相隔两米,我们不再点头微笑,不再擦肩而过时互相打招呼,病毒让人与人的间隙产生,每个人都忧心忡忡。所有的公园关闭,黄色的封带缠绕了一圈又一圈,那些孤零零的设施,倒映在孩子们渴望的眼中。进门出门用酒精喷洒全身包括鞋底,孩子们常常被呛的直叫,出去一趟回来先洗澡换衣服仿佛心底才能踏实。但是即便如此,做母亲的担忧却一点也未减少。

　　对面的黑人老妈妈呢?上一次见她开心的样子还是在去年的夏天,她在纽约工作的儿子开车回来看望她,住了一个多星期。去年夏天的时候我领着孩子们在房子前踢球,总见她乐呵呵地出来进去，同我们打着招呼。周末她戴了钩花帽子、金黄的长耳环，裹了印有肯尼亚风情的花裙坐了优步上教堂。她八十岁了走路蹒跚，但这丝毫未影响她的美。措不及防地，疫情开始了。寒冷的冬天不再见她出门，我抱着孩子，常常从窗户看着她的家，看着她门口那棵孤独的玉兰树。先生曾经敲门去问过她，问她需不需要帮助。她摇着头，轻声道谢。今年的夏天她没再像去年一样在门口散步并拾掇花花草草，之至年尾，我都没再见过她。常有一对中亚的园丁夫妇来帮她收拾前后草坪，她也没像往年一样站在门口和他们聊天。她的门紧紧关闭着。偶尔有人送点东西过来，偶尔也有外卖平台来送餐。门很快打开便关上，人隐藏在暗黑的门影后，我望不到她一点儿影子。

大家都缩在自己房子里，仿佛只有自己房子里的空气才最值得信赖。孩子们各自在院子里玩耍，并不敢外出。学校开学后，孩子们很开心的重返校园。只是学校很快也有了病毒案例，做为家长每天都忧心焦虑，除了提醒孩子们勤快洗手戴口罩，并不能做出更好的决定。在家宅了半年多，孩子们是多么渴望丰富多姿的校园生活啊！网课，实在是没有办法的决定。这一年的色彩是黯淡无光的，但是对于孩子们，他们在家庭和学校的关爱下，不会明白横逢疫情的今年是何其艰难，学校和家庭给他们五彩斑斓的希望，让他们一如既往地快乐。做为母亲，精打细算各项支出，精心准备一日三餐供他们成长，保持洁净的空间让他们玩耍，教育他们看书、画画听音乐，尽可能地让他们的成长路上充满明媚阳光，这是做母亲的责任。政府发出的每一次防疫指示，家庭主妇们都带着家人默默遵守，这是家庭主妇的责任。晦涩的 2020 年，这一年走来如履薄冰，每一个人，每一位母亲都被病毒的消息困扰，病毒不除，忧虑不会减少。我不是一线的医务人员，也不是长期奋斗在前方的精英，没有惊人的事迹，也没有叫人难忘的履历。我只是于千万人中一名最普通不过的家庭主妇，照顾好自己的家庭和孩子，是我要做的头等大事。而社会祥和的一部分正是有了家庭主妇们默默地付出，家庭和睦，国家才能长治久安。

2020 年，结束了。当我满怀感恩之心敲下这些文字，也深深祝福新来的岁月。岁月幽深，我们都在砥砺前行，见证过历史的黯然，才知光明的可贵。经年已过，唯愿前方柳暗花明，新年气象更新。

祝福所有热爱生活的人们！

24.　人生食味

　　疫情禁足，给家人做几个可口的小菜也能改善紧张的情绪。今晚烤了鳕鱼配香菇甜椒，幼滑鲜腻，不够几个孩子分食。世人都说鳕鱼味美营养丰富，给小孩子吃是最好，这几年或蒸或煎的鳕鱼味道尚不及这次烤炉随便烹制。大哥在吹笛子的间隙早已闻风而动，举着长笛冲过来问我，妈咪你煮了什么？我闻着肚子就叫了！我举着锅铲在厨房挥舞，嘴边露出慈母的微笑。

　　做饭的人最喜吃饭者欢爱他煮的饭菜，餐桌的饭菜一扫而光是对厨师最大的尊敬。如若孩子们吃光了母亲专心烹饪的美食，当母亲的便会嘴角笑歪，更是会在研究食物的道路上一发而不可收，即便劳心劳累也甘之如饴，可见能被人需要和尊敬是多么幸福的事情。日本的松下幸之助先生八十多岁时曾带领朋友一行在一家有名的西餐厅吃牛排，吃了一半，他带着歉意和主厨说："很抱歉，这么美味的牛排我只吃了一半，但这不是你厨艺的问题，你做得非常好，可我已经 80 岁了，胃口大不如前，吃不下那么多了。"见厨师不解，松下先生接着说："我之所以找你来，是想当面向你表达感谢。否则我担心你看到吃了一半的牛排被送回厨房，心里会难过。我还担心你的主管会误以为你的牛排做得不好……"厨师听后，感动地向松下先生深鞠一躬。

　　松下先生是用心灵深处的善良去尊重别人的工作，这是做人最紧要的修养。但是孩子们不懂，他们只管用最直接的方式，喜欢或者不喜欢，直来直去，全都挂在脸上嘴边。教导孩子们各种修为，是当父母任重道远的责任。另一方面来看，是有名的西餐厅吸引着松下幸之助，是味美的牛排让人趋之若鹜，这是食物的魅力，是美食的诱惑。

烤鳕鱼的时候并没有放诸多调味料，只放了盐、油、酱油以及疫情期间听说能防疫的大蒜。味美可口想来是因为简单，只有不添加与自然，才能彰显食物本身的魅力。汪曾祺老先生吃春天淡紫色的枸杞头，搭配香干淋入香油、醋与酱油同拌，味极清香。饮食方面他老人家是行家，他说，人得从生活中寻找乐趣。他也说，会从生活中寻找乐趣的人一定很厚道，一定不贪权势，甘于淡泊。

没有人会想到，这个庚子年全世界都被来势汹汹的病毒按下了暂停键。宅在家中，敞开心扉，研究厨艺，看云漫溯，赏一朵花开，观鸟儿筑巢生仔，于平淡中寻找更多的喜悦，于平凡中发现生活的真谛。

25.　散步

　　满街的枫树仿佛在一夜间长满了油绿绿的叶子。风拂过树荫，头顶传来"唰啦啦"的响声。想要享受夏日的气息，须在太阳底下，夏天的阳光烤炙每个毛孔，弥补一个冬日缺少的遗憾。树荫下的阴凉往往载满凉意，随时提醒过往的路人，这些树叶打冬天而来。

　　对面的黑人老太太理了一个短平的头发，她笑眯眯地同孩子们打招呼。记得去年夏天她的头发卷曲厚实，她把它们挽在头顶，耳垂上金色的耳坠子和阳光一起闪烁。每个礼拜天的上午她坐优步车出去，一顶奶黄色钩花镂空的头巾裹在她头顶，她拎一个翠绿色的绣花包，穿一条来自肯尼亚图案的暗红渐变色的长裙，美滋滋地上教堂。她的腿脚已经不灵便了，走路蹒跚，但这并不妨碍她自有的美，她总是热情地和孩子们说话，满脸洋溢着笑容。

　　夏天的到来是让人快活的。快活得要忘记肆虐世界的病毒和痛苦。孩子们只顾骑着自行车、滑板车以及坐着或推着其他五花八门的车子到处乱走了。他们不知疲倦地跑、走、跳，他们和树木一起长得飞快。

　　一位白人女士迎面走来，疫情开始后，政府规定人与人的距离相隔两米，大家都很自觉。窄窄的人行道上大家迎面而来都会避讳。她在离我们三米多距离的地方绕道而去。那里是一条长长的栽了两排枫叶树的曲径幽深小道，树叶遮天蔽日，夹在两边房子的中间，像是通向一处世外桃源。我路过的时候恰巧看到远处的树下，她转身而过。她穿一身黑色的衣服，戴一副黑色太阳镜，一条宽大的黑色披肩，被风鼓荡在身后，她表情冷峻，就像佐罗一般。

"回去了吗，妈妈？"老大在旁边说，"太阳很热"。

"不走了？今天天气很不错"。我盯着"佐罗"消失的地方，想着儿时心中骑马仗剑的蒙面英雄。带着孩子只能在社区行走，孩子闷，大人更闷。

"不行，我不想回去，妈妈，我还要骑我的滑板车"。金宝在前面很严肃地说，他的小脸晒得开始变黑了。

"回家，回家"，牛油果用不多的词汇表达他的想法。

那就回去吧。其实我并不想回去，夏天家家户户门口的花儿盛开的姹紫嫣红，草地碧绿，各有好玩的摆设。有的人家门口摆放猫头鹰，有的摆着七个小矮人，有的插起蝴蝶和鸟，还有不同的青蛙主题造型。一个老头的门口摆放了一位"思想者"的小型雕塑，一条同样纹丝不动的狗紧紧盯住这位"思想者"，罗丹如果看到恐怕会有更好的灵感涌现。几个月没有出门散步了，看到任何东西都觉得新奇。有人在割草坪，割草机轰隆隆地响着，空气中青草甜沁沁的气息让心脾舒畅。有人门口在浇花浇草地，腾空的水花倾前倾后，细细的雨帘甚是好看。可是孩子们累了。

那就回家吧。迎面走来一个白人男子带着他的三个孩子和一条沙皮狗。谁让谁先走？我看到右边草地上有一个树根。"老大，看看那个树根，它有几岁？"。

老大不知计谋，很有兴趣地凑过去低头看，老二也跟着凑过去，我推着三宝也过去假装很认真地看。并没有想象中一圈一圈的树的年轮。

"妈妈，我不知道几岁，没有圈圈。你知道吗？"。

我支支吾吾地自言自语了几句，余光扫到那家人从我背后接近两米的距离走过，心里顿时舒了一口气。

"我也不知道呀，这个纹理有些杂乱。应该不止五岁，我们还是回家吧。"

"那具体是几岁呢？"。

"妈妈不能确定，我们回去查一查"。

走到家门口那棵三十多年的松针树下，他们钻了进去，我也钻了进去，松针树真像一把大伞，笼罩了流逝的时间，也笼罩了外面的不安。阳光闪烁树枝，伞下很多松果。

路过的树根具体是几岁，他们早忘记了，我也忘记了。

26.　一帘幽梦

　　这是梦么？当我睁开眼睛，一潭碧水正载了我迷朦的神思，层层地轻荡了涟漪，一圈又一圈地弥散。这情景倒叫我徘徊在似梦非梦的虚幻中了。

　　我似乎听到钟声响彻在天光云影的尽头，回荡处浑厚遒劲。我似乎看到远处巍峨的塔尖闪烁了灿然的佛光，明灭间庄严肃穆。那高耸的宝塔恰似一位合掌的入定老僧，任这苍山再俊秀、碧水多幽深，都一一做了他的陪衬。

　　无月的陪伴，三潭有些寂寥。轻泛的波浪悠闲地荡漾着，现在应是潋滟的好晴天。一只画舫划过去了，舟中是有七个人罢？三人指划着美景，那雀跃着的不正是一位穿了连衣裙的女士？风正撩起她帽檐下的长发。两位老者沏好了香茗，面前的杯盏茶香袅袅。一位青年背倚了画舫廊柱，脸色如湖面般平和，许是他正想了白娘子的传说？另一位青年揽了廊柱，头高高仰了，向那苍翠的山麓深处眺望。

　　隐约的，莺儿婉转清唱了。我凝神听去，又消匿了。难道是窗外的鸟雀？还是藏躲在横欹的柳枝中的莺哥？我真疑心是梦了。瞧，这些个柔软的柳枝儿，翠绿的柳叶儿，是被风吹动了娉婷的身姿，还是被鸟雀惊乱了长长的发丝？

　　老家的屋里总有点上了年岁的老物件。起初我并不觉得这方酒红色薄呢拓花的旧窗帘有何稀奇。当我迷迷糊糊醒来，阳光正薄薄地氤透窗帘，屋子里恰有了小小的明亮，帘上的风光一下子将我搁置于西子湖畔，满屋都是扑鼻的藕香。

　　整个世界清明安静。我听到西湖水绵柔的呼吸。小王子一定在梦中了，他似笑非笑的嘴角上扬，小鼻孔发出小人儿的鼾声。也许他感觉到了母亲的目光，睁开眼睛看了看我，又转过身睡熟了。

　　睡前那张照片还在脑中盘桓，那持枪的叙利亚少年痛苦的模样像挥之不去的阴霾，叫我这做了母亲的人心疼。他理应有这般安静的居所，挂了窗帘的小屋，在母亲祥和的目光里甜美地做梦。那窗帘许是传过几代的物件，也许是新潮的布料，都不打紧，这窗帘清楚地将窗外风雨雷电断然割裂去，让那握枪的小手依然牵在妈妈怀里，让那本该做梦的脑袋依然枕在母亲臂弯，在属于自己的天地间恬然睡眠。

　　风吹皱了西湖水，那画舫顿时匿于一水迢迢处了。我的脑子正胡思乱想着，小王子转身揽住了我的臂膀，咧开小嘴甜甜地朝我笑，几颗小牙齿闪亮在这山水空濛的房间，"嗒，嗒嗒，姆姆，"他说着乳语，他睡醒了。

27.　从黄昏到清晨

　　从空中俯瞰，丛林深邃得望不到边，隐隐约约间，丛林的深处，袅娜出纷飞的山岚。古老的城堡躲蔽在山岚幽僻处，遍山的绿叶缀满她媚丽的纱衣。风飞过丛林，密密匝匝的波涛连接着天边的树梢，丛林在风的抚爱下起伏颤动。

　　黄昏拉了我的手一起站在斯里兰卡的大门前。科隆坡的海风吹来一股陈旧的味道，混合着陌生的、不开明的空气。穿着洁白制服的海关职员毫不客气地从我们手中拿走五十美金。咨询台服务小姐讲的英语，比起她们悠然自得描眼线的动作要生疏许多。我喜欢看她们妩媚流转的眼眸，而她们则紧盯着我清秀白皙的东方面容。与我平常所见的机场华丽的陈列橱窗不同，这里边检的商店除去当地盛产的红蓝宝石，更多出售各式各样的家用电器，冰箱、彩电、洗衣机和 DVD，这些电器外形简单，毫无时尚可言。我不知道自己来到一个什么样的国度，此前对这个国家一无所知，我小心翼翼的推开斯里兰卡的大门，紧攥了拳头。

　　黑夜紧跟着我的脚步，抢先一步来到科隆坡的街道。抬头望去，上个世纪七十年代的香港电影在这里上演，而我自己是这色彩不鲜明的电影中的女主角，两头平的七十年代小轿车载着我慌张的向未知的地方驶去。路旁的沙包垒过半人高，迷彩哨卡里的大兵端了长枪虎视眈眈的查验我们的证件，严实的就像马上要进入战争的预备状态。被人用枪指着，我的手里心里全在冒汗。大街上的大兵们端着长枪三五个一伙在沿街巡逻。零乱的房子毫无规划的建在路旁，我疑心自己到了国内的某个被历史遗忘了的乡镇，只是他们黑黝黝的皮肤提醒我，这里是异国他乡。

出租车司机是个害羞且热情的当地小伙，车子驶向科隆坡时，他指着路旁的一所窄小的房子告诉我们那是他的家。看得出来，他对自己目前的状况非常满意。他操着蹩脚的英文指点着大街小巷，我的紧张也开始逐渐的松弛下来。斯里兰卡是个诸多民众信佛的国度，大街小巷随处可见香火鼎盛的寺庙和佛主的塑像，这多少让我惊慌的心获得了一丝安慰。

科隆坡的主干道旁用蛇皮袋搭成成排的的屋棚，卡带、碟片、玩具、背包堆满了一格格的屋棚，俨然是个自由市场。除却城市的主干道，路旁延伸进去的小巷狭窄深长，屋子的建筑破落低暗，路旁一盏暗淡的夜灯点着，路面是阴冷的湿滑。这让我想起电影《贫民窟的百万富翁》里拍摄到的印度贫民区的场景，白天的时候是嘈杂、破败的鸽子楼劈出的密密麻麻的长街小巷，夜晚看过去，是寂然、穷苦和冷清交织的况味。有老者窝在不惹人注意的街角转弯处，黑而细长的腿从模糊的看不出颜色的破被单下支楞出来。瘦骨伶仃的视觉让这个夜晚徒然增添了些许的凄凉。

喷泉叮咚出梦幻般的色彩，棕榈树沉默着，五彩的小灯泡在它们肩头窃窃私语。沿着棕榈树环绕的小路，车在一栋三十多层的建筑前停下来。这是司机口中当地最好的酒店，我邀请他与我们共进晚餐，他看了看酒店，害羞的说实在太贵了。

　　我看到酒店门口衣着缤纷的白皮肤男女在高谈阔论，奥迪、奔驰车各色高级车夹杂在矮小的老式轿车中，隆隆的音乐声在人堆间跳跃，夜晚的魅惑与激情摇摆着落入凡间。香水的味道缕缕的飘来，爱马仕和香奈儿包在女人们的手中笑的神秘莫测。我捏着裙摆从侧门一个安静的小餐厅经过，当地上层人家的家庭聚会正在举行，柔和的乳白色灯光将玻璃门后的一切折射的高贵典雅；我走过有着圆柱形大水晶灯垂吊的二楼大厅，一家当地知名的保险公司在举行盛大的自助派对；我走到酒店后院，湖水正绿，绿幽幽的泛起粘稠的光芒，犹如坠落夜间丛林里一块滑腻的方巾。湖边餐厅里，古树伸出巨大的华盖，热情的拥抱着来自四面八方的人们。激昂的鼓点声声，西班牙的男人舞起来了，科隆坡的小妞跳起来了，美国的女人放肆的笑着，男人们大口的喝着啤酒，我吃着烤肉串和椰浆饭，耳朵里充斥着南腔北调混杂的声音，恍然如梦。

　　斯里兰卡的阳光真是姑娘们莎丽上绣缀的金线，当我推开通往阳台的玻璃门，这些金线顿时耀炫了我的眼睛。窗外是碧蓝无垠的海水，浪花轻柔的扑倒在广场前的堤岸上。几个孩子在广场上玩着属于他们自己的游戏。迎着海水的这条街道，是科隆坡富贵鼎盛的繁华地带，转过这条街的背后，是斯里兰卡首都鳞次栉比的茅室蓬户。左手紧握繁华右手清贫满袖，这颗印度洋中的美丽明珠究竟靠什么来滋养它神秘的光彩？司机在路对面朝我微笑，我想起他昨晚和我们说起他信仰佛教，我说我也是，他听后笑的很灿烂。

　　佛说：依般若波罗蜜多故，心无挂碍，心无挂碍故，无有恐怖，远离颠倒梦想，究竟涅磐。经历过战乱后的斯里兰卡人，他们更加渴望幸福和安宁。他们追求如莲花般纯净的信仰，是信仰赋予着他们对人生更美好的追求。斯里兰卡是个信仰佛教的国度，国土轮廓像极了国旗上绣着的菩提叶片。当不同的信仰经过历史的编织和梳理，如涓涓细流汇聚成汪洋大海的时候，这个国家必将凝聚无穷的精神力量，这力量会让他们收获富足和安康。在科隆坡的海边，我双手合十，轻轻祈祷。康提古城庄严的诵经声从远方遥遥传来，肃静、悠长……

28.　地铁口的小书摊

　　每次从香蜜湖的地铁口出来，总会朝出口那个小小的书报摊前张望几眼，虽然已经换了老板，但张望好似已经成了习惯。

　　这种习惯的延续，是这个书摊头先的老板，原先的老板总是习惯带顶棒球帽，留两撇帅气的小胡子，消瘦的脸，说话也总是细声细气。他的书或者杂志，总让你随便看，随便翻，随便挑，你买了他高兴，你不买他也没有不悦，末了总会给你几个他亲手做书签，而那些书签也是做得非常有意思。上联是"八卦岭上论八卦八卦真八卦"，下联是"香蜜湖里叹香蜜香蜜真香蜜"，横批是"都有难处"，同时还配些温馨的微型小图。诸如此类的书签，他每天都在推陈出新，新的书签排成一排，谁人过来看书，买书，他总会挑出几张送人。

　　他不像别的商人，给你乱七八糟的推荐，他给我推荐南仁淑的《二十几岁，决定女人的一生》，或者易中天的《品三国》，或者获得诺贝尔文学奖的《红》，他说，这是你这个年纪可以看的书，当时是 10 点钟，我刚刚下了地铁。一个十多岁的女孩子也在书摊前挑着书，他说，你还不早点回家，这么晚了还要出门。那女孩笑了笑走了，他看着她的背影喊了句：早点回家，别让你家里人担心！他觉察到我诧异的表情，笑了笑说，这么晚了，你们女孩子出门要注意安全。

　　但是他的书摊还是生意不多。人潮来来往往的地铁口，并没有更多的人来光临这个小小的书摊。经常从地铁口经过他的小书摊，多半的时候也总是看到他小小的、带着棒球帽的脑袋竖在堆满报刊的杂志堆中。

偶尔经过他的书摊前，我也会觉得有一丝的羞愧，很多的书，我觉得好，并没有在这里买，而是通过当当网购回，当当网的比他的小书摊便宜。

一年过后，我再也没见过这个带着棒球帽的小老板。书摊还是原来的书摊，只是已易主。

有时候经过这个书摊，我还会想起那个带棒球帽、留两撇小胡须的男人，想起他绘作的，漂亮的、意义深刻的小书签。我想，这样一个有才华、热心的，爱书并且懂书的男人，是否还在这个城市的某个角落，继续做着他的小书签，继续经营着他的书摊？

祝福他。

29.　今夜花未眠

　　转身离开时，入户阳台上飘起的窗帘，白纱雪纺的底子上撒着的那些藕荷色的小碎花正冲我甜甜的笑呢。我只偷偷瞅了眼，心里徒生凄然，不忍再看。

　　居住在这套房子里时，常半倚在沙发上捧本书晒太阳，绒紫白条的沙发松软的让人瞌睡。南向的阳光贯穿整套房，照射在母亲为我挂的油画上，整个房间顿时明朗生动起来。我常常盯着那幅画发呆，那些浓墨重彩的花儿，低低的开在阳光里，顺着阳光盛开到更远的地方去。有时，我也盯着厨房的方向走神，仿佛母亲仍旧在厨房里忙碌，浓浓的热气萦绕氤氲着透明磨沙的推拉门，门一拉开，瞬间弥漫满屋的菜香。

　　于千万间的房子里精挑细选捧回了这套，以为就是我闺字里梦想的实现罢了，买房的当初，满心憧憬，也不曾想几年后转手他人。辛苦的赚钱、辛苦的选房、辛苦的装修，所有的辛苦一点点的积攒成闺房里洁净温馨的模样：主卧里的流苏红羊皮灯、客房的布绒青苹果灯、餐厅通红的水晶石阿拉丁神灯(且让我这么叫罢)，是翻遍了整个灯城才捡出自己喜欢的样式。客厅华丽的落地窗帘，是悦为我精心订做的金色蕾丝，为了这套我喜欢的窗帘，她跑了好几家的蕾丝店铺。母亲为我挂在乳白墙上的橙红翠蓝的油画，母亲说，能在这套房子里产生明快的热闹。我钟情自己一手的房间布置，就像钟情于自己喜欢的男子。倘佯在他温暖的怀抱里，有一钟无法言说的舒适。可是所有的这些，就在我转身的时候被轻轻关在了门里。

《欲望都市》里漂亮的夏洛特说，自己买房的女人嫁不出。我不赞同。我固执的认为，女人无论结婚与否，都要有自己的物业，有自己的心灵居所，有属于自己的一方净土，哪怕是套单身的公寓，哪怕是套小小的蜗居。人在繁华落寞的都市里行走，有个地方会永远的等待你归。那里有完全属于自己的心灵秘密。

可是房子易主，属于自己的心灵秘密搁置何处？整个晚上翻来倒去无法入眠，那冲我甜甜笑着的藕荷色小花、重彩油画里被风撩起裙摆的采花姑娘、客厅蓝色幻变的九尾狐狸灯、还有放置在地柜上的一筐干花、淡乳黄色的餐椅，都在我耳边不停的絮叨着、聒叫着。是我赋予给它们生命，却又硬生生的把它们推给旁人，终究不是亲生，那接手的房主，能否如我般的爱护它们？

房子还会再有，可是那些我喜欢的物件，已远远消失在巷陌深处了。门在身后关闭的那刻，房子里所有的一切已永远停留在我的记忆里。想那冲我笑的藕荷色花儿，今夜也未曾眠罢！

30.　莲花山的秋

秋天的黄昏，独自倚了长椅，让眼睛随同心，一起放逐在这青翠碧波的山间。看那薄雾般笼罩着的鹅黄色太阳一点点、一点点的消溶在山的远处，夜的帷帐慢慢地拉了上来，脚边的小灯开始扩散出柔黄色的光。

风是温煦的，甚至有些闷热，南方的秋天，总是在季节里缓慢的踱步。这个时候的北方，西北风就快要吹来了吧？枣子早已红完，柿子在枝头红彤彤的诱人，想必熟的已被摘回家去了。摘回去的柿子放些在瓮里煨着，等到十多天过后，捞出来一个吃，是脆脆的甘甜。在南方这么久了，每到枣子和柿子上市，我的水果篮里就离不开它们，仿佛看到枣和柿，才能感觉秋天就在门口张望。今季的枣和柿已经吃了几天，深圳的秋天仍然在门口裹足不前。

可是，秋虫开始"唧唧"的叫嚷起来，在我脚边的草丛里，在小径通幽处，秋虫的演奏开始热闹起来。不用像叶圣陶先生那样"靠着枕头听"、"凭着窗沿听，甚至贴着墙听"，秋虫就在你看不见它的地方肆意的唱着。声音动听美妙，热烈而隽永。整个莲花山，满山的秋虫鸣叫。你不用仔细去听，当你走过时，它们都会为你唱出你喜欢听的曲，韵味十足的唱腔，能轻柔的卷进你的心。让你觉得，瞬间，就只是夜晚，瞬间，就只有平静。

一条肥硕的鱼上钩了，把钓竿压的很低，那个钓鱼的男人，他脚边的筐里，已经有几条鱼在蹦跶，他的夫人抑制不住的喜悦，连连说，好肥好肥！夜里的湖边，借着昏黄的小灯，湖面泛着微微的涟漪。我看不清钓竿又伸出多远，想必钓鱼者感受得到，我看着他们，丰收的喜悦感染着我，想必他们更是开心。

散步的人渐渐多起来，空气中传来丝丝的花香，是夜来香的浓郁香气。该是黄绿色的小花儿吧，我想。这个时候的北方，廊前房角，星星点点的牵牛花已经开过，粉红、淡蓝、纯白，一簇簇，一片片的开放，鼓足了劲似的吹着喇叭，唱响了北方秋的旋律。

旁边的椅子上依偎着的情侣，在悄声细语的呢喃，他们的甜言蜜语隐藏在秋虫为他们准备的夜曲里，伴随着夜来香浓郁的香气，更加热烈。诗人们多爱歌咏春天的爱恋，色彩缤纷，那么秋天的爱恋，我想，更是浓烈而绵延的吧。

庄子说：正得秋而万宝成。莲花山夜晚是这样充实而浪漫，结实而美好，看来深圳的秋天，是真的姗姗而来了。

31.　路的尽头烟花灿烂

从阳台上望向远方，路在看不见的转角隐入黑暗。烟花的隆冬声从路消失的尽头升起，瑰丽的花瓣在魅惑的夜里朵朵盛开，橙红赤绿的色彩列艳在城市的天边，在天空逐渐散去，溶入苍穹。

这是我喜欢的一条路。喜欢坐在阳台，让思想随路。路是思想的主人，思想是路的奴仆。从高层的阳台看出去，路笔直的伸展、蜿蜒出城市的边际,消失在城市的那头。城市整齐的排列在路的两旁，粗壮的榕树张开巨大的伞盖，隔开着城市与路的距离，显得路格外的干净和纯粹。时间总是在脑袋翩翩浮想的间隙里慢慢的溜走，远处的香蜜湖在晚霞里红艳一片。当黄昏撒下金色的罩衣时，路独享的盛宴开始了：路灯亮堂堂的次第排开，跟着路的脚步，一路延伸。更远处的霓虹绚丽出彩，仿佛是为了路的到来，让自己辉煌夺目。黄昏降临到路的身边，路像一位结着领结的太平绅士，在金色的光晕里，悠然的迈步向前。

喜欢被路牵引着自己的思绪,进入夜色。城市是不夜的，依稀能看到天上的浮云。亦能看到这位斯文的太平绅士，不快不慢的消失在舞台的幕布后去，那块幕布缀满了灿若繁星的灯光。如墨的夜色里，路也悄没声息的安静。路究竟伸向何处去呢？路的那头是不是有温暖的小屋，引得路穿越城市蜿蜒前行？那小屋里是不是有浓浓的爱，引得路坚韧的指引着回家的方向？

　　在对路的遐思里，时间与空间总是错位，回忆和未来总是纠缠。也许，每个人心中都有条属于自己的路，或许是乡间的小径，在儿时的记忆里采一把野花、踩着长满绿草的小路归家；或许是城市的柏油街道，背着包哼了小曲兴冲冲的回家；或许走过层层叠叠的山峦，顺着路去寻找前方温情隽永的家。跟着路走，就能回家，跟着路走，家在尽头。看到路，家就在不远处。

　　"故乡的路，带我回家吧，回到我期盼已久的归宿，西弗吉尼亚，山峦妈妈，带我回家吧，故乡的路,我所有的记忆都围绕着她……….."约翰．丹佛轻松明快的乡间民谣《乡间小路带我回家》在房间里轻声的弥漫出思乡的忧伤。原来每条路都凝结着深沉厚重的思念啊！

　　凝视着远方在城市里穿行不息的路，浮云遮月处焰火瞬间腾空，花朵瓣瓣开至烂漫，五彩斑斓的色泽在夜空永恒了魂魄，思念在此刻撩起的火苗隆重的宛若灿烂焰花。

32.　母亲的心思

每天，每天我都会从这棵柳树下走过。

每天，每当我走过这棵柳树的时候我总会想起家乡的那棵柳树，想起树下埋着的那个像羽毛般轻飘的灵魂。

那是一个母亲的灵魂，它带着病痛悄然离开，在柳叶飘零的时候轻风会替它捎来泥土下不舍的思念。每当水珠沿着柳叶边滴落，我相信，是这小小母亲的哀伤，牵动着柳树的柔肠，柳叶是它书满思念的信笺，寄挂在人间。

它因痛苦而哀嚎的时候，想必是躲开了自己的孩子；它觉得自己将要离开的时候，想必是发了疯的哀恸。它只是个小小的母亲，才享受过不满三年的时光，即便是要离开，也不能让自己的孩子受到任何伤害。刚做母亲的它,在即将要离开这个世间的时刻，它动了什么心思去保护自己的孩子？

它将它的孩子们一个个地叼到了我父母的床下，在它痛苦地几次辗转在这张对它来说硕大的床和我母亲为它布置的小床间，我不知它用了多大的力量。它只是一只刚做了母亲的小猫，却在突然而来的病痛中猝然离去。父母的大床与它们的小床间，虽然是几米的间隔，但对一只病痛难忍的小猫，咫尺已是天涯的距离。

是母性的力量让它强忍着剧痛，临终托孤；是母性与生俱来的精神支撑它，让它完成自己作为母亲的使命。它相信一个母亲定然会明白另一个母亲的心意，定然会善待它的孩子，定然会将它们好好养大。

它是在那棵柳树下静静离开的。当我母亲找到它的时候，它的眼角还挂着深深的泪痕。它的嘴巴大大地张开，黯淡了的深黄色眼睛望着小猫们的方向。当我母亲在床下找出它的四个孩子时，她忍不住地落泪了。母亲将它们轻轻地放回到小床上，想着办法喂它们牛奶，那几个小猫咪抖着黄色小身，呲开嘴巴咆哮着，浅黄色的眼睛里满是敌意和恐慌……

每天，每当我走过这棵柳树的时候我总会想起家乡的那棵柳树，想起树下埋着的那个像羽毛般轻飘的灵魂。一个宛如羽毛般轻飘的魂灵，却承载了母爱伟大的光辉。我想起因小母猫的离去而哽咽的母亲，她说，面对孩子，天底下的母亲都是一样。

每天，每天我都会从这棵柳树下走过。每天，每当我走过这棵柳树的时候，我总会想起家乡的那棵柳树，想起那个像羽毛般轻飘的灵魂。我想起远隔千山万水的母亲，花白了头发的母亲，在这柳叶儿泛黄的季节，她的慈母心，就像这长长短短的柳枝，挂满了对远方游子深深浅浅的想念。我伸手撸去，这些细细碎碎的柳叶儿，在阳光下絮絮地诉说着母亲的心思。

33.　内里小乾坤

——《看花回来》有感

　　我仔细端详着一个素洁静雅的世界，当我惊叹她纯净无骨的气韵时，我分明感觉到这安净洁白的世界后，仿佛来自遥远的天边，隐隐着万千的风雷，也或许是春的轻唱，好似这般清亮的嗓音要穿透这薄薄的墙壁，墙壁竟有些微颤了。

　　我用手指轻轻点去，薄如蝉翼的墙壁无声幻去，我惊喜极了！昙花嫣然颤放、萱草悄然绽放、碧桃绚然怒放、茶花俏然压枝、艾草悠然吐绿、蝴蝶旋舞翩翩、戴胜轻盈飞翔……我的眼睛惊诧于我发现的美了！我不放过每一个美的角落，作者曾说，"逝去的美好将永远不会再回来"，而我却渴望将这瞬间的美好化为永恒。在这"小径分叉的花园"里开满了奇珍异香的花朵，隐藏着若干条通往文字殿堂的秘密小径，仔细寻找这些小径，也许定能窥见文字行走的奥秘。

　　作者抒写这些文字的时候，心情是平缓的。他平和地和你诉说他发现的美，和他对于美的思想。没有急功近利，更不存在心浮气躁，他就像一位友人，虽说久未谋面，见面之时淡泊的问候声中却隐藏着内心真诚的祝愿。他更像一位长者，用波澜不惊的语言娓娓诉说着他对生命真切的感悟。作者创作这些文字的时候，眼神是透亮的。这些文字借助作者的指尖，腾挪出万水千山的遐思，翻卷起自然纯净的情愫。想必作者一路走来，千帆阅过的同时，把繁杂与沧桑一并酝酿成属于自己的那副清朗的图画。

你瞧，他说："这是一个美好的梦，我们很乐意把这个梦一直做下去"（见《梦见汉阳树》）。他说："冬天将至，我会在寒夜里将冬之飘雪看成清香飘远的桂花"（见《桂花香的月夜》）。不管时光如何变迁，人类对美好情怀的追求永远不变。赵明安的《看花回来》，对这一主题的诉求深深地打动着我。他那枝饱蘸了感情的笔，柔美地抒发出自己个性的情感体会和隽永不变的精神追求。

文中的花儿，甚至一些落叶，或者一群蝴蝶，无一不引起你对生活深深的思索、对生命心生出的敬畏。文字无声，它默默引导着读者打开一个与心灵对话的小乾坤。"一进园门，心便安稳。有一条界线似的，迈过它，只要一迈过它便有清纯之气扑来，悠远、浑厚"。我用史铁生先生的这句话作为我读《看花回来》系列的感悟，再为不过。

我读赵明安先生的《看花回来》系列，听到繁花静静盛开的声音。这些花儿静谧地层层绽放的过程，任每一位看过的人都无法不动容。看似闲雅的开放，却自留下一缕风流的清香。

34.　哦，西丽湖

　　我在这春深醉人的午后、夏日初来的温煦阳光里打起了瞌睡。脚下一池碧波，蓝汪汪的颜色在日头低下泛着透明的光泽，是纯净的美态。盈盈的湖水微微荡漾着、荡漾着，偶尔眯着眼睛瞧过去，被阳光折射出熠熠的金色。有几只浅白的小船随意划过，划过的水声是轻浅灵动的天籁。天空是蔚蓝清澈的，手搭凉棚望上去，朵朵白云随性漂浮，轻灵飘渺。

　　一瞬间，这些深邃的蓝竟让我分不清哪些是湖，哪些是天。

　　这湖，就像一颗晶莹翠碧的翡翠，跌落这叠嶂起伏、峰峦葱茏的麒麟山怀抱。"天上掉下一块翡翠，落在人间就叫西丽湖，她像西子一样美丽、、、、、、"由蒋开儒、赵弟连老师联手打造的《西丽湖》之歌写出了西丽湖无尽娇美的风姿。

　　清风流水的山峦里，亭台楼榭点点缀缀。山上松翠花香，楼牌古香古色。"浸月山庄"和"松林别墅"掩隐期间，更显静谧。

　　此山环翠抱秀，而这明镜般的湖泊，恰巧就是这山间最灵秀最动人的景色啊！就像仕女凝脂的肌肤、美人善眯的双眸。那一汪稠碧的湖水啊，湾在绿树成荫的山脚，在这睡眼朦胧的午后，柔意脉脉。

　　喧嚣的城市在朦胧里越来越远去，由喧嚣而衍生的浮躁感好像在此悄无声息的散去，一切是如此安静，空气清新幽香，眼前波光粼粼。偶尔有一只苍鹰俯瞰大地，翅膀搏击空气的声音让人兴奋无比。

　　倚着湖畔碧绿的椰子树，枕着五月暖洋洋的阳光，抛去心中所有的杂念，享受人间五月的太阳，我的思绪也在青山绿水间飘荡。如果越来越复杂的城市都像这洁净的西丽湖，那世间会永是祥和安宁；如果人心都像这碧波荡漾的西丽湖，那生活会永是美好平和；如果爱情就像这纯粹的西丽湖，这美丽的西丽湖啊，她的心，多么纯真！

　　闭上眼睛，什么也不想，就听这摇橹的声音，那橹划开了水波，就像湖水的轻唱。哦，那天籁般的波声！哦，西丽湖！

35.　祈月

　　四年前归家的那个冬夜，并不见得太冷，毕竟是要过年了。四九、五九的天气里，柳苞儿在欲融未融的雪下卯足了劲儿，踮起脚尖向上仰望着。小妹在我身旁一副欲言又止的神态，我拉着她的手，她毕竟还是个孩子，一年未见，有太多的话想同我讲。透过车窗玻璃流离的雾气，我能看到黑暗里闪过路旁的柳树、杨树还有槐树们期盼春天的兴奋神情。这种神情和我急切回家的心情一样迫切。

　　家门口眼见得近了，小妹却紧张起来，她的手心渗出凉丝丝的汗珠，见我看她，她的眼神游离开去，有些不自然的说，没事，有些紧张。我咯咯的笑着说，我一年没回家见到父母都不会紧张，你倒是紧张什么？我转头望着车窗外的月亮，月亮柔黄色的光，浅浅的晕染在归家人的心底，于我的心上、脸上都是满满的幸福。

　　父亲站在门洞里等我，深夜里的风让我不禁打了个寒颤，父亲已站了很久，棉衣上是冰凉的温度。没有母亲的身影，我搂着父亲说，我妈又在给我做什么好吃的呢？

　　没有满屋的菜香，却闻到阵阵的药味，我疑惑的看了看父亲，父亲没有说话，我又看了小妹，小妹把行李一拎，抢先进了家门。

　　屋子里充斥着浓烈的药味，那些药味从母亲的卧室里传出。母亲躺在床上，挣扎的坐了起来，抓住我的手开心的笑了。一双拐杖竖在床边，我掀起母亲的被子，母亲一条腿被厚厚的石膏裹着，我惊愕的抬头看着母亲，父亲抢先说，你妈已经能下地了，不要担心，父亲缓缓的说，三个月前我们出了车祸，你妈骨折，我断了一根肋骨。

出事的那个晚上是下了点小雪的，夜色涳濛，小细碎的雪粒说着就密集起来。天有些微微的亮。父亲的车上唱着母亲爱听的歌，飘洒的雪花像夜的精灵。月亮在那一刻定是隐入黑云去了，原本是满目清辉的夜晚，怎么就突然一片漆黑呢？薄薄的雪在车前飘舞着，一片片的白亮，父亲疑心那是月亮偷偷撒下的光，在一路指引着前行的方向……

河面泛着晶莹的水花，那水花好像跟着节奏般起伏跳跃。明明还热闹的水面，怎么突然就静的可怕？河面上的灯都熄灭了，夜真黑啊，母亲说，我伸开双手使劲扑打着水面，想走出这望不穿的黑暗，却发现自己在水中越浸越深……

我默默听着，有夜的声音从很远的地方呼啸而来，我分不清那是北风还是疾驰过的车声，我只看得见父亲和母亲的嘴在蠕动，小妹的泪簌簌的落下。我仿佛置身于巨大的冰窖，浑身发抖。那三个月里，亲人们对我隐瞒了一切，小妹停职独自照顾着父母，在母亲昏迷的十几天里，小妹编了若干条理由来隐瞒着我。想方设法的打消我找不到母亲的疑惑。而我，却一遍遍的在电话里骂妹妹，骂她偷懒不好好工作，骂她狡猾不讲实情。

春节前的夜晚依然清冷，当我抬头看到窗外薄薄的月亮时，还疑心是四年前的那轮，望着冰莹的月亮，我默默祈祷，为父母祈求明年的幸福安康。母亲后来对小妹和我说，你姐姐走远了，心也硬了，人也冷了。出了这么大的事，愣是没掉一滴眼泪。听完父亲的话我转过头强抑住自己的泪水。我的父母亲不会知道，四年前那个归家的夜晚，窗外的那弯玄月薄得快要化掉，夜静的可怕。我躲在被窝里，无声哭泣，一直到天明。

36.　哦，丫丫

再见丫丫，是在一个月朗星稀的晚上，她的 QQ 头像突然烁烁地闪在电脑的右下角，我一阵的雀跃，忙不迭的和她聊天，竟然有些手忙脚乱。

三年前，丫丫和我前后脚进入这家公司。每次我从前台经过，我都会留神注意丫丫，她漂亮极了。水灵灵的眼睛又大又有神采，头发是蓬松的大卷发，长到腰际。落落大方的她，叫人莫名的喜欢。那时候，公司复杂的人际关系，让初到公司不久的我费神费心。有次要好的同事和我说，公司的资深员工 C 女某次在前台，看着我走远的背影，C 女恶狠狠的说了句，死女人！丫丫看着她说，你说什么？你怎么可以在背后这么说她？！C 女瞪了丫丫一眼走了。

而 C 女，正是觉得我的到来，影响了她的提升空间，而那时的丫丫才刚来公司没几天。后来，丫丫离职时，我们几个在一起喝酒，丫丫让我小心 C 女，我仔细问她原因，她才告知我始末。她说，虽然我刚来没几天，但是她在背后骂人就不行，别说是说你，换任何人都不行！

哦，率直的丫丫！

有次从前台经过时，看到丫丫的眼圈泛红，大大的眼睛眨巴眨巴，我就问她发生了什么事，她指了指面前的电脑。原来丫丫在看我的博客，要好的同事不知什么时候告诉了她我的博客地址。丫丫揉了下眼睛说，你的东西总是弥漫着忧伤，总是夹杂着苦涩，你的文字让我想哭，让我想家。她眼巴巴的看着我，拉着我的胳膊说，别停止写博，好么？如果我以后离开深圳，如果我们以后不能在一起，不管我在哪里，我都会经常上来看看。看着你的文字，就像看到了你，就像看到了我们过去的美好时光、、、、、、

哦，可爱的丫丫！

丫丫是回民。公司楼下有家清真餐厅，丫丫只能在这家餐厅吃饭。丫丫离职的时候，我们也在这家餐厅小聚，我们几个彼此都湿润了眼睛。丫丫受不了深圳繁杂的生活习惯，她选择回伊犁。同时回去的还有她的汉族男友。她的家庭无法接受她的选择，回汉不能通婚，是他们家无法改变的传统习俗。为了爱情，丫丫义务反顾的和自己相爱的人一起出走，逃离羁绊的家庭，就像一尾渴望自由的孔雀鱼，纵身跃入向往已久的海洋。在爱情充沛的阳光海域畅游过的丫丫，还能接受家族思想的禁锢么？分别时，丫丫用肯定的语气和我们说，我和他，一定会像现在这样好！

就像我们料到的那样，回家后的丫丫被家长严加看管起来。几个月后，她找了个机会偷跑出去，和男友一起去了乌鲁木齐。后来随着时间的推移，大家就像奔跑的蝼蚁，各自为了自己的生计忙碌，却疏忽了联系。

看到丫丫上线，我的心跳的竟然有些快，我连忙赶着问她，你的男朋友，还是原来那位么？

我看到丫丫发出一连串的大笑，那些憨憨的笑脸在屏幕上张着嘴笑的扑朔迷离。笑过之后，她停顿了，片刻，我看到

电脑泛着幽幽蓝光的屏幕上，丫丫悠悠的打出几个大字：是的！我们像原来那样好！

哦，坚强的丫丫！

37.　少女杨柳

灞桥柳，伤情柳，龙门柳，何以堪？君不见，龙门山下，伊水岸边，柳色青青一笼烟。如腰的柳干，如丝的柳枝，如眉的柳叶，如烟的柳浪，这怎不让天涯行客徒生沉沉离情？　昔我往矣，杨柳依依。归乡另处的旅人何须折柳赠友，只将那永恒的祝福，遥寄西出阳关的故人。

——赵明安

　　少女杨柳，乳名依依，又名青青。古往今来,那么多文人墨客一遍又一遍喊着她的芳名。

　　她是山野姣美的女子。朴素，清静，落落大方。她不自作高傲，也不枉自卑微。杨柳知道，小家碧玉是她的本色，淡妆素裹是她的天性。杨柳喜欢春天，总是在春天轻潜人间时波澜不惊的披上春天喜欢的衣裳，也或许是春天爱上了杨柳,总是在杨柳嫩绿时洒出漫天飘扬的爱意。别家的女子吵着闹着披紫戴红，意欲艳到极致，而杨柳则不，她淡淡然不饰粉黛，著的是一袭翠绿小妆。有人总是埋怨春天姗姗来迟，而春天本身也迫不及待。杨柳乐意充当春天的信使，她在雪花中绽开第一粒新绿，她在寒风里抽出第一根嫩芽，她快乐的把春的消息告诉人们，告诉大地。

　　她是水边秀丽的精灵。婀娜、灵秀、毫不张扬。袅袅娜娜的杨柳，喜欢临水而立。水面是她梳妆的镜子，她是水边欢乐的少女。她伸展盈盈可握的腰枝，用自己纤细的手臂，轻盈的撩拨水里的小鱼；或在水里抓几只小虫，伸开双手喂食天边飞过的雀儿，引的鱼儿在水里雀跃的蹦哒，引的雀儿在她身上喜悦的筑巢。静立不动时，她张开自己翠绿的裙裾，为过往的人们遮出绿荫深深、阴凉一片；风儿路过时，她调皮的伸出柔软的手指，轻佛过人们身上，当人们诧异的回头时，她便在风中"咯咯咯"的笑了，直笑的眉眼迷离、花枝乱颤。

她是长亭忠实的卫士。善良、朴实、情真意切。她固守在长亭边，烟色葱笼。她坚持自我，却不擅自主张。她用娟秀的双眼深情的望着每一位从她身边走过的人们。分别是伤神的，杨柳知道，她不喜欢别离。她用自己纤弱的枝条轻轻拉扯人们的衣襟，不忍别离；她用饱含愁意的柳眼送别离人，依依不舍、柳目低垂、黯然神伤。善良的杨柳知道离别的归期渺茫，她摘一枝自己青青的枝条，颤抖着双手送与离人。前方的道路，阡陌纵横，处处姹紫焉红，歌舞升平处，又怎如家乡的杨柳本色青青？

她是春天忠诚的信使。坚贞、浪漫、情谊绵绵。她陶醉在春天的气息里，使得春事浓郁。她为春天的到来欢呼，她为春天独爱她而暗喜。她在春天的怀抱里轻软温柔的摇摆，她在春天的亲吻里甜蜜清新的摇曳。她用纤纤玉臂缠绕春天宽厚的臂膀，她用丝丝柔情系住春天离开的脚步。当别家暗恋春天的女子在春天离开后憔悴不堪、翠香零落时，杨柳不然，杨柳尽量保持自己娇柔的体态，娟秀的容颜，等待春天。杨柳知道，时间阻隔不了自己对春天深切的思念，来年自己即将身披绿装时，春天就会悄悄回到她身边。

38.　十五的月亮

从南头关进入市区的时候，一轮朗朗的满月正高挂在东边的天上，绛紫色的天空越发衬托出这轮圆月儿亮黄色的妩媚来。

我一路向前，这月儿就在我的车前方兀自清丽的笑着。花坛里的牙根草、红花炸浆草、紫花炸浆草们披着浅色的春装，静静的抬头仰望着这圆月儿，而这圆月儿也情谊脉脉的俯视着花草们，俯视着爱她的人们。

我追逐着这月儿，却发现她瞬间消融于无边的黑夜了。我盯着她消失的方向，企盼她惊鸿一现的美，天边竟是悄无声息的沉默了。灯火如昼的世界之窗，游人熙熙攘攘的热闹。路边古堡式的酒吧里，盛大的狂欢也才刚刚开始。璀璨的灯火照映着游人兴奋的身影，春天在灯火的流光里四处游荡着。而那般皎洁的月轮，竟慢慢的散开宽阔的衣袖，在埃菲尔铁塔上方露出她华美的脸来！

我在这良辰美景里陶醉了，禁不住盯着这黄晃晃的月轮走起神来，可就在我走神的霎间，她却莞尔一笑，遮住自己的小牙，转身跑到威尼斯酒店房顶那巨大的狮子像上仔细端详起我来。待到我羞涩的低下头去，她又踮起脚尖溜到深南路上高大的椰子树梢里，影影绰绰的朝我神秘的微笑了。

我不知道自己去往何处，被这十五的月儿勾着魂儿，一路的跟着她的脚步向前了。月华倾泻，月色极美的元宵夜，多少相爱的人在默默的对月倾诉衷肠呢？难得的胜景良宵，不知天下的人儿是否都同我一样欢喜着这美好的月儿呢？正因这景色难得，才会让赏月的人如此动容，正因这人月有缘的此刻，人与月儿便两景相宜了。这缘分的稍纵即逝，不是正需要惜缘的人来珍惜么？珍惜缘分，即便是前方的皓月，或是脚下的一株小草，生命才会越发的彰显灿烂。

39.　姜花盛开时的叶子

　　叶子迈着细碎慌乱的脚步匆匆跑过这条小街。卖姜花的女子，依然在原地兜售着她的姜花，几年如一日。姜花甜美的味道，每年的这个时候都会在这条街的空气中弥漫。叶子的泪水强忍在眼眶里，风吹散了长发，她追着风的方向向前，步履装作轻松。卖姜花的女子看到叶子时喊了声，叶子没回头。

　　你在我背后，你在我背后。叶子边跑边想，不要回头。

　　上午上班的时候有朋友问叶子，深圳的秋天是什么样子？北京的秋天天肥马瘦。叶子笑着说是天高云淡。朋友的中文水平很有限，虽然他还知道"霜叶红于二月花"。叶子说，在深圳感觉不到秋天，没有你知道的"天肥马瘦"，深圳的冬天会在你还未知时突然来到，那是种突然降温的寒冷，有时让你冷到骨髓。

　　那一瞬间，深秋突然降临。一股属于秋天特有的冰凉，在叶子心底弥漫升腾，慢慢蜷曲到胸口，最后化为泪珠在眼眶里打转。秋风卷着凉意，从叶子耳边冰凉刮过。

　　卖姜花的女子应该很诧异，这次叶子没有买她的姜花。几年来，叶子不间断的买她的姜花，和她已经有些熟捻。叶子喜欢姜花，纯净的花瓣，素洁的花芯，曲卷着纤弱的花的精灵。这些洁白的花儿，开成芬芳一片，浓郁的香充沛在整个房间，夜里闻着花香入眠，连梦都那么香甜。

　　他知叶子喜欢姜花。知道每到姜花上市，叶子总会捧回一束。正如你所知，那年的姜花绚烂时，叶子和他的爱情正如姜花开的那般奢靡。虽然，叶子一再强迫认为，那种感觉或许也是爱情。但叶子渴望如姜花般纯洁的爱情，却最终在这个城市里消逝的无影无踪，伴随着那季姜花的凋零，来年再也没有苏醒。

　　原来姜花一直都伴随着深圳的秋来秋逝。

　　姜花又如期盛开。当满街姜花飘香的时候，叶子在转角遇上他，就在他说自己并不如意，还在寻觅，还在对叶子思念时，叶子看着他絮叨的两片薄嘴唇，叶子明显感觉哪里不对劲。

　　叶子没有说话。尽管男人再三地问她，你好吗？你怎么样？

　　叶子不知道该说什么。我好吗？托你的福，我还好？我怎么样？我还能怎么样？

　　叶子手中不知何时多出一盒月饼。叶子后来想起来，当时他说是专门来给她送月饼，他的车停在路边，叶子看到他的车后备箱里放了很多盒月饼，他随机取了一盒递给她。

　　这么多月饼啊，叶子记得自己声音小的谁都听不到。

　　也无人回应叶子，叶子木纳地说了声谢谢，转身上楼回了公司。

　　我再约你好吗？叶子听到男人在背后说。

　　叶子坐在工位上双手捂住了嗡嗡作响的耳朵，一盒月饼？这又算什么？叶子摇摇头，她看到清洁工夏姐的身影晃过，她想把月饼丢给夏姐。管夏姐吃也好，丢了也好，总之叶子从来就不喜欢吃月饼。叶子苦笑着，把手伸向了月饼袋子。

有什么东西抖动了。

叶子摸到了一叠照片，份量不少的一叠照片。

男人与女人并肩而立，女人洁白的婚纱映衬着脸如盘月美丽。只是不知为何两人的脸上笑意牵强，并且他们两人的头时常一个转向右边另一个又扭去了左边。一起照相的家人朋友都是开心的，这照片中的新婚夫妇，叶子不好讲，叶子感觉他们既开心又好像那么一点勉强开心。

这和我有什么关系？这也太有戏剧性了！叶子想。一切莫非是老天注定，老天定要让我看到你的结婚照片，让你的虚伪在青天白日里曝光在我的面前。

叶子看到这些照片的日期已过去一年多。叶子的头嗡嗡地疼，她不想去追忆，就在那一瞬间，她感觉深圳的秋天在冰冷的苦涩里温笑。

不，是嘲笑。

叶子想，结婚还真是件可以让人快乐的事情。叶子将照片一一的装好，打了个电话给他。

电话里他的声音听起来甚至有些惊喜，叶子，你晚上有空？

我有些东西要还给你，叶子冷漠地说。

叶子把月饼袋原封不动还给了他。他诧异，这是为什么？

你忘了东西，叶子面无表情地说，祝你幸福。

男人掏出那叠照片，叶子看到他的脸涨成了赤红，连脖子领口处都潮红一片。

　　祝你幸福，祝你幸福，祝你幸福。叶子想抽自己耳光，我就不该说这句话。

　　叶子匆忙地小跑过这条熟悉的小街，秋天被秋风灌满兜头浇向她，她粉色的长裙控制不住地发抖。她警告自己的眼泪不要落、不要落。她看到卖姜花的女人朝她张望，那卖米粉的小店老板在门口悠闲的晒太阳。叶子无法回头，叶子不能回头。当叶子疾步走过拐角后，叶子望向灰蒙的天空，她一滴清泪不争气的滑落，叶子伸手摸去，满手的秋凉。

40.　天堂夜色

月亮初上

你有过"月上柳梢头，人约黄昏后"的刹那心动的时刻么？

当晚霞披着橙亮色透明的纱衣在天空中款款而行，当欲满则亏的月亮在椰子树梢间偷偷的露出清亮的脸儿时，这句众所周知的诗句便一下子浮上我的脑海了。

晚霞扯走最后一缕澄亮色的光后，天堂在隐隐约约的黑夜里平静的微笑着。这个时候的小岛，笼罩在一层薄雾似的光亮中。不是黄灿灿的灯笼隐射出的光，这薄雾似的光亮比灯笼发出的幽光要来得更明亮些；也不是太阳最后的余晖，这薄雾似的光亮比太阳留下的亮光更显得净透些。我疑心这光亮是月辉普照呢。虽然月亮羞怯的躲在椰子树梢，但我能从游泳池平静的水面看到她眨巴的眼，我也能从幽绿色的海浪里看到她凫在浪间上笑盈盈的脸，等到我抬头从天上寻她，她却又凫浮在我手中清透的鸡尾酒杯中了。

我跟着月亮一路欢喜着，竟然忘记酒会的热闹了。在我的眼中、心里，想着的全是这调皮的月亮。就连这海边黄昏的酒会，这些亲切的人们在乐队欢快的曲声里倾谈，舞蹈，我都认为是为了迎接这一轮纯美的月亮。他们知道，当月亮柔润的浸入深邃的海洋，也平静的进入了自己的心房。当一切因了月亮而变得祥和和安宁，生活在这个世界的人们该是多么幸福。

　　我抬头凝视着月亮，月亮在椰子树梢露出蒙娜丽莎般的微笑，神秘、静谧、影影绰绰。我又不由得想起"月上柳梢头，人约黄昏后"的诗句来。家乡的柳树这个时节活泛起春的绿意了吧？正月十五快要到了，不知父母抬头仰望的月亮是不是我头顶的这轮呢？

　　在月亮恬美的微笑里，我沉沉睡去……

繁星满天

　　你还记得看着满天繁星而雀跃的时候么？

　　那样的夜晚潜在你的记忆里多久了？五年、十年、二十年？我只是记得十多年前，我和妹妹在夏夜的星空下兴奋的不肯睡去，在满天繁星熠熠闪烁中，不停息的讨论着关于星座的传说。

　　而那样的星空也只不过是繁星点点，断没有这岛上的星星来得这般的稠密和浩瀚。顺着伐桥回水上屋的时候，我还想抬头寻找隐去了的月亮，却冷不叮的闯入了星星们的世界。整条银河系喧嚣着、挤挤嚷嚷的铺列过遥遥的天际，和伐桥形成"十"字型的交叉。我的目光所到之处全是星星，有的光肆意的扩散，有些光收拢的含蓄，所有的星光都热烈的闪烁，齐声的呼唤，彷佛成千上万甚至更多的孩童，齐齐的摇晃双手，那些嫩白的皓腕上都系满了银白色的铃铛，所有的铃铛齐声颤动，所有的铃铛濯濯生辉，所有的铃铛发出震匮般的声音，这声音从离我不远的天空出发，并正以迅雷不及掩耳之势向我淹来……..

　　我却仓皇的逃窜了。一下子见到如此多的星星，我内心却充满了恐慌和不确定。这里星空都用自己最真诚最热情的方式招呼我，我却因为见得少了，生生的扼杀了他们的热情。

　　我内心终究是不安了起来。我害怕星空嘲笑我的羞怯，我俯在阳台的木栅栏上，我甚至不敢抬头去望星空，星星们必定是耻笑我的，耻笑我内心的丑陋和苍白。当我终于可以忐忑的望向它们时，一些星星已逐渐隐去了，天空呈现出"繁星越发皎洁，一派娇美的夜色"（雨果），整个苍穹一片幽静。脚下的海浪翻皱起黑夜的波浪，星星们柔美的、静静的点缀着苍穹，以人类能接受的方式安然的闪烁着。

　　我终于明白为什么我们生活的城市见不到星辰了。

41.　想起彩虹

Y君：

　　我在天色初晴的时刻再次想起你，随同记忆一起跃出的还有你古朴的乡村。

　　我还记得你的乡村，有着池塘和游鸭的屋后，一畦畦整齐的菜园，卷心菜绿的泛起油光。有着拱桥和细竹的房前，黄昏后纳凉的人摇起聊天的扇子。也还记得吃饭时，在脚边自在活动的花母鸡。当然还有你头发花白的母亲和不善言辞的父亲，他们是善良的老人。

　　我到现在也不敢忘记他们善良的样子，只是那份善良只适合在这个少人知悉的乡村行走。相反的，我却一直想不起你的样子，我只是清晰的记得，你稍胖点的时候学校小卖店的老板娘说你像周润发版的许文强，工作后你日渐清瘦，反倒像极了现在的当红小生黄小明。我曾经在闹市的街头，或在酒吧间听到有歌声飘起，我会赶过去看看场中的歌手是不是你，几年之间，我听过很多次歌唱，但歌者的脸庞一如对你的记忆，随着记不住的歌词散落在红尘深巷。

　　时间真是个奇怪的东西，它能淡化恩怨，也能忘却忧伤。我总是想在时间的水波里打捞一些属于自己的东西，却发现每次这样的俯身尝试是徒劳，记忆是时间的水流，它悄悄的从我张开的手指间和着时间之水，一起流向远方，任凭我紧拢手指，那些记忆还是消失在波光水影里。

你终究是不会属于我的，这句话你曾经一度挂在嘴边。是的 Y 君，我终究还是离开了你。这几年我反复体味着这句话，终于明白了你的逃避和懦弱。Y 君，当一个男人连爱都要爱的复杂时，这个男人还值得爱么？张小娴说过，爱的代价是让自己越来越成熟。当我站在深圳街头，各色行人穿行在这个城市，人来人往的喧嚣却影响不到自己的心静如水，我方能在多年之后写下这些文字，尽管，我并不想着寄往何方。

Y 君，我在天色初晴的时刻再次想起你，随同记忆一起跃出的还有你古朴的乡村。雨后的乡村树木青葱，一道五彩斑斓的彩虹悬挂在波光水影的天空，时间之水微笑的看着它，让它永存在我的记忆中。Y 君，不是什么时间都能产生爱情的，而有时候所谓的爱情，仅仅是像极了爱情的情感。而往往，我们只是被这极像爱情的情感羁绊着，以为这轰轰烈烈的冲动就是爱情。在对的时间遇到对的人，能一起欣赏彩虹，就是幸福，而与你一起看彩虹的时候，我们还太年轻。

42.　一滴泪落下，需要多久时间

　　一滴泪落下,需要多久时间,你是否曾留意?我问过几个男性和女性的朋友,Z君说:一颗相思泪,去年流至今。J女说:瞬间的功夫跌碎千瓣。我记得在 2005 年的 19 期《读者》杂志里，有位柯茂林的作者写他年少时，母亲突然得病，父亲为了给母亲看病，四处借钱碰壁的艰难过程。那个过程里父亲憋着一滴泪，在筹到钱后，准备动身时，看着门口三个年幼的孩子，父亲的泪水夺眶而出，用了七天七夜。

　　当时我还无法理解作者的情怀，一个人流的泪，从流到落的过程，怎会那么久！直到昨晚，我的泪从梦里坠落，泪珠滚动的声音，缓慢的、清晰的滑过耳朵，我睁开眼睛，听着它坠落于枕，轻轻消逝的声音，我突然的想到那个作者，想到他父亲满脸的泪，我知道，已不是梦境。

　　只是，梦境的开头，还是和梦有关。那条黄土漫天的路，泥泞而且破败不堪。我、D 和 R，我们就这样疲惫的走着，没有水、没有食物。也不知道走到哪里才是尽头。路边隐现一处干净的庭院，R 说我们可以进去，因为她认识这家的一个孩子。饭厅里主人全家正在用餐，食物让我们更加饥渴。主人说等他们吃完，可以让 D 和 R 分享他们剩下的菜肴。D、R 在残羹剩菜前风卷残云，她们看了看坐在角落里的我，然后飞快的把那些菜一扫而空。我难过极了，泪水在眼眶里不停打转，我看着那些只剩了残汁的盘碗和一旁的主人，因为饥饿和愤怒，我在客厅一角的沙发上强忍着泪水，瑟瑟发抖。男女主人在客厅里放起了音乐，随着美妙的歌声两人翩翩起舞。男主人突然看到角落里的我，指着我和女主人说，那里还有个姑娘！女主人用不屑及鄙夷的眼神说，算了吧！谁还管她！

一边是舞者，我听着女主人放肆的笑声；一边是 D、R，我看到她两吃完后的满桌残汤。看着女主人满眼的鄙视，我冲出了房门，在黄土弥漫的路口，我的泪在眼眶里来回涌动，我努力的吸着鼻子，但是那颗不争气的泪珠儿，仍然缓缓的、慢慢的流出、、、、、

我能够清楚的感觉它，那颗不争气的泪珠，从我的右眼缓慢的流到左眼，再从左眼角流到耳朵，我清晰地感觉到它朝前涌动的声音，最后在枕上悄然融化。

梦了一晚，到最后清楚的醒来，从梦境到现实，一切都那么真实。梦，原本就是真实生活的映照啊！

我想到那位作者，想到他的父亲，想到我自己，想到 Z 君与 J 女，也许不同的年代，不同性别、不同年龄的人，内心都会有这样或那样的焦虑，只是焦虑各不相同，泪落的时间自然不一样。T 先生说的好：活在当下，活在现在。泪流完了，当天的焦虑也应一扫而空，不要为了今天的事而影响明天的生活，明天的我们，理应更快乐！

43.　阿诗玛

　　我惊诧于你玲珑的美，阿诗玛！在这翠峰迭嶂间，满园春色葱茏，花红柳绿、碧漪延绵，竟遮掩不了你的美，阿诗玛！我仰望你，在你肃穆端庄的脸颊前，在你婷婷娉娉的身姿里，在你对镜梳妆的顾盼生辉中，我为你的美丽臣服，阿诗玛！

　　相比奇峰险石的大石林，你所在的小石林是清秀娟细的，几块修剪的平实整齐的草坪点缀其间，碧绿如茵。那些像从地里长出的石头，娟秀别致，玲珑俏丽，日光散落其上，干净的色泽仿佛裹着脂粉的香气。桃花、海棠、茶花，各种花卉开成奢靡，相拥开放，争相斗艳。桃花红了一片，海棠粉红娇嫩，茶花金黄灿烂，还有那些不知名的小野花，零星点点，姹紫嫣红。而金色的茶花，正是你的最爱啊，阿诗玛！你和你的阿黑哥，在茶花淡雅的香气里相互爱恋，在茶花甜蜜的花蕊间私定终身，你与阿黑哥定情的信物，不也是这插满背篓的芬香茶花么？　　"娇影玉体久凌风，芳花裙裾欲飘云。君怜低语阿诗玛，仰首苍天期待谁。"彝族撒尼的民间叙事长诗里，记载着你追求婚姻自由的故事。在权贵的淫威逼迫里，你迤逦而去，用自己的坚韧与刚毅，捍卫自己矢志不移的爱情。

　　千万年来，你伫立于此，在山间石隙里为人间守护着爱情不老的神话。从四面八方赶来的人们，伏倒在你坚贞的脚底，你让花草的芬香馥郁传颂世人都向往的爱情传奇。连浩荡的风在你面前，都变得和悦柔气。你用纤巧的手织就石林多彩的纱衣，让百灵在你肩头歌唱，让蝴蝶为你蹁舞翩翩，清风徐徐、树枝摇曳，你是爱情的海洋，阿诗玛！在你面前，所有的情欲纠缠仿佛都消融的悄无声息。

你深情的眺望着大石林，刀山火海上阿黑哥正为你而来，剑峰池里阿黑哥正洗去沾满头人热布巴拉之子阿支的污血，踢开厚重的石门，口中呼喊着你的名字，阿诗玛！你是否听见他深情的呼唤？

你听得到，阿诗玛！你巍峨站立千万年，等待情人归来。千年万载，此生不变。爱情在你身上幻化成永恒的丰碑，风雨兼程，此爱永存。

你相信爱情，阿诗玛！你的背篓里插着你和阿黑哥都喜爱的茶花，裹着漂亮的头巾，发带飘飘，昂首挺胸，意志坚定。在此仰望你的人们，也是相信爱情的，只是很少有人愿意承认。在你身后的很多很多年，有位叫凯特·温斯莱特的名演员说，所有的人都在寻找爱情，只是我承认而已。她相信爱情正是人们终身寻求的东西。

我在你的脚底臣服，阿诗玛！请让我追循你，阿诗玛！在我的心灵深处吟唱着与你一样的歌曲，在苍茫人世，浩淼人间，我的阿黑哥正在为我而来。远在黎巴嫩的那个国家，曾经有位叫纪伯伦的著名诗人，他在诗中写的好，"因为我的灵魂正远隔重洋将你呼唤；我的心灵正在咆哮的海涛上空展翅飞向你的身边！"

阿诗玛，你是石林的灵魂，你是爱情的化身。成千上万的人为一睹你的芳容，为寻找心中的爱情追溯你而来。你娉婷而立，妩媚千年，爱的力量因你长存。

44.　远古的呼唤

——恐龙谷随想

在鸟类还未张开翅膀飞翔之前，在爬行类的祖先还躲在某个洞穴深处以别的生命形态出现之前，在这颗蓝色的星球从太空降落后不久，你们就以最自由最壮观的方式来主宰地球的春天了。

人类从来没有真正的见过你，你们。你们披着远古的风尘在浩瀚的空间隧道里一路穿梭而来，隧道之长，让人类惊奇的不敢想象。我仰视你们经过沧海桑田变幻后展示给世人的躯体，这些泛着白瓷般光洁细腻的骨骼，圣洁、润美、气势磅礴。石头的坚硬隐藏在玉的温润中，既有剑气指向的冷漠，又有玉器柔腻的温和。玉石的糅合，通透中浸润乳白色的光华，披着典雅的外衣，高贵的不可一世。

想必这玉石之骨摸来是冰冷的，深埋在泥土中，吸得大地亿年万载的灵气，见识过太多的日月风尘，已经被打磨的光滑冰冷，是一种凛然不可轻视的神采。如剑般犀利寒冷的骨骼，是不是为众仙乱纪时仙家的兵器？要不怎么会在这硕大的博物馆中，在你们昂然的身躯底下，在这玄玉般的光芒里，我柔弱的身体被你们的剑锋逼的无处藏匿？侠客讲究心剑相通、人剑合一，而我终究不是侠客，曾经驾驭你们的仙家早已经历几千万世的轮回。我只能渺小的站在你们高大的身躯底，惊叹你们的庞大，幻想你们以往的乐园，幻想你们翱翔在天际、奔驰在草原、游弋在海洋深处的飒飒英姿。

那时的你们，是地球的主人，是万物的主宰，是这颗星球上最勇猛的生物，没有其它动物能与你们相抗衡。天上翱翔的是你们的族类，水中翩舞的是你们的同胞，草原上驰骋着的是你们的种群，成片成片的原始森林都是你们的领地。地球上唯一的战争，也只是你们不同种族之间为了抢夺食物的搏杀，而这样的搏杀就如浮云掠过，转瞬宁静。现代的人们给你们那个时代定为"侏罗纪时代"。那是个四季如春、温暖湿润的国度。蕨类和苏铁类植物遍生，针叶林茂密。你们宁静快乐的生活在地球的时间深处，完全不懂很多很多年后的地球上的人们，为什么要进行无谓的种族厮杀。如果你们能从这脚下几千米处的岩层处醒来，看到曾经属于你们的星球，在几千年里从不间断的战火，直至人类文明高度发达的今天仍然硝烟弥漫，你们会感到惊愕。经历过生命浩劫的你们，深深的懂得生命只不过是早晨草尖上的露珠，能在短暂的晶莹里欢畅的活过，就不虚此行。能自由沐浴阳光的和煦，懂得享受生命与和平的涵义，便不枉此生。

你们二亿年前在这片肥沃的红土地上繁衍生息，而今，我偶然经过这里，深嗅着这片红土神秘的气息，阳光酷烈，山坡上的桫椤群郁郁葱葱。桫椤曾是你们赖以生存的食物，原本你们是生活在这里最繁盛的恐龙王国。

桫椤仍在，你们去了哪里？

45. 春风木棉

　　深圳街头的木棉花在春光二月里红彤彤的开满了树丫。春节过后的正月里，木棉花正热情澎湃地闹着春天。

　　我喜欢木棉花。她红红火火的开在春天里，给人带来一年的好意头，花瓣饱满，颜色鲜艳而坚韧，不同于柔媚的粉红，也不同于热烈的大红，她红的内敛且独特，她用一种高傲而秀美的姿态，告诉路人，她存在在春天里。而春天，多么美的季节！

　　春天，古往今来，无数的文人墨客对她抒发情怀；春天，万物生长，草长鹰飞；春天，美丽的女孩脱去厚厚的冬装，露出洁白的手腕，在午后的阳光里如蝴蝶翩飞；春天，幸福的恋人们在绿意盎然的山头或暖和过来的溪水边依偎；春天，希望在每个人心底如青草般疯长，期盼着冬日来临的收获、、、

　　春天，充溢着爱的诱惑，而木棉花盛开正酣！

　　岭南人对木棉有着特殊的情感，木棉花落后，果实成熟自动裂开，里面充满了洁白的棉絮，棉毛可做枕头、棉被等填充物。宋郑熊《番禺杂记》里写道："木棉树高二三丈，切类桐木，二三月花既谢，芯为绵。彼人织之为毯，洁白如雪，温暖无比。"我想，在老粤人的眼里，木棉就像北人心中的棉花，洁净、温暖、踏实。岭南气候潮湿，粤人捡得花瓣，褒与汤中，可去湿养颜，或者到春末采集，晒干，拣除杂质和清理洁净后，用水煎服，可清热去湿。驭之于寒冷，驱之于无情，多少年来，木棉以其独特的风情，造福着岭南人民。

街头的木棉花盛开成绚丽一片，犹如燃烧的火焰，在高大强韧的树冠之巅，就像炙热的爱情，坚贞不渝的情感。在每个春天里，木棉花开成海，只是人间，春来无爱，爱情匆忙的就像这清晨急速开过的列车，匆匆的停，匆匆的走。

如果爱情恰如木棉花开正春风，那该多完美。

后记：写这篇文章时正值早春二月，木棉街头开的正烈。08 年的列车已徐徐驶出，以往的情感就像心底深处的胶片电影，在无人时、发呆时、寂夜时逐一上映，而心却渐渐麻木。木棉花就在略微带点寒风的早晨明晃晃的跌入眼帘，包裹着我冰凉的心，让我温暖。彼时的木棉，是新的渴望，是新的念想与希望。

46.　记忆

　　很多年前的晨曦，薄雾在广袤的原野扩散，绿色铁皮火车穿行在乳白色的雾气里。原野上的房子隐隐显现，是石头砌成的平房。房子零落在寂静的田野，门口齐整的干草码住秋天仅存的芬香。方形或长方形的大青条石头砌满了墙面，每户房子前都用这些大块石头搭就了简陋院墙。我还能看到一些柔柔的炊烟，袅袅地，融化在远处的白雾中。

　　这些不是梦，是隐藏在内心久远的记忆。人这一生，有些记忆就像常青藤，被春风一吹，窸窸窣窣地，那些记忆瞬间泛绿，多年前的往事，躲在心头的角落里寂然开放。

　　记忆中的东北原野，在薄雾中醒来，永远都是一幅清清凉凉的模样。也许是我每次坐火车路过的时间总没有改变，待我醒来时，北方寂静长夜的盖头刚好滑落，干净隽秀的原野端坐在我面前，肌肤沾了露珠，不食烟火的宁静，气质中满是清凉的味道。

　　我总是猜测那些房屋，从里面走出的姑娘是否就像我眼里看到的那些清凉。她们体态应该像这原野一般秀美肥沃，皮肤像这早晨的薄雾一般白皙，头发应该像秋天的庄稼一样浓密。她们应该是不食人间烟火般的、清凉的姑娘。事实上是，我接触的那些东北姑娘，清凉的像早晨的原野，妩媚的像原野上空半夜高悬的月亮。她们的性格，和旷野里穿行的列车发出的轰隆声一样热烈，那些列车渴望到达目的地，自由奔放的前行。

　　我喜欢这样的姑娘。在我后来的人生中，总是会出现这样的东北姑娘。性格耿直，笑声爽朗。她们的笑声，是清脆作响的车铃，是春天绽放的花儿，就像我记忆中薄雾笼罩的东北旷野，黑白分明，清澈纯净，不带丝毫的杂渍，她们的身影深深地印在我的脑海中。

47.　黄昏物语

　　我怀念着一些个动人的时刻，有时甚至会陷入生活创造的美丽里而走不出来。你是否也有过这样的时候，在夜晚来临时，把自己的回忆埋入过往的闪烁着光华的沙砾里，任岁月在指尖滑过，美好就像沙漏，一点点的凝聚在自己的心间。

——题记

一、翠湖斜阳

　　翠湖畔的垂柳低低的拂在水面，呢喃着秋的深情。茶花树丫相思的叶子，被秋风催生了金色的希望。就要落山的阳光在叶子尖尖上做着不舍得离开的梦，这赤澄相间的梦泛起秋日清爽的笑容，牵起翠湖碧绿色的衣襟，随着微风轻快的晕染开去。

　　一对鸳鸯把恩爱快活的留在了面前的小湖，在水中亲昵的依偎、追逐着，小脚欢快的蹬着水花悠悠然划过了青石小桥。湖畔边垂柳下的三人萨克斯团演奏开始了，在悠扬的曲调声中湖那边的一对野鸭闻乐而来，翩翩而舞，自由引航，一黑一白，相映成趣。路人匆匆的脚步，能否此刻放缓，去看看此刻动物们溢满爱的天堂？

二、湖泉落日

　　湖泉酒店就像浸在水面的一弯月牙，在黄昏走来的时候悄悄的披上彩金色的舞衣。四周的湖水，是舞衣绚丽的纱幔，金子般闪光的裙摆在微风的抚慰下轻舞飞扬。如果夜幕拉开，这湖泉就是夜的宠儿，从清粼的水面冉冉升起，瑰丽的色泽映亮了湖水，催生了夜的花事。

在太阳就要落下，月儿隐约在彩云里的黄昏，我从湖泉酒店间穿过。一朵紫粉色的水莲花低低的盛开在玫瑰色的天空下。柔润的花瓣儿凌然水面，展露她清丽的容颜。一片片绕她次第铺展开的油绿色荷叶簇拥着这位水袖翩舞的凌波仙子，让她在清碧的水面以最秀美的身姿横空出世。她纤尘不染的芳华点亮满池湖水，湖水亦透明无骨。

酒店的黄昏，因了这朵水莲花绽放的生命光泽，整个天空分外明亮。她只是水面一株普通的植物，可是经过她身旁的路人是否愿意为她无暇的生命而驻足赞叹？

三、坝上黄昏

我从坝上走过，薄云罩月，黄昏正好。有锦衣卫士在黄昏中守护着家园。稻子秆扎的如同兵马俑般模样，一排排整齐的方队码在收割后的稻田里，在黄昏中能清晰的看到他们头上的盔甲与威武的神情。有些扎的活泼些的，恰是些不当值的卫士在击剑练习，或双手，或单手，或一人，或二人一组，刺、劈、砍的剑术孔武有力，让这黄昏更添肃穆。

我从坝上走过，天边最后一抹灿灿斜阳挂在水牛的弯角尖上，湾在坝子前平如镜面的水塘。农人肩挑一担流金的水，那金子般的水哗啦啦的灌溉青绿色的田畦，这溢彩的田畦，早已播下了春天的绿意，兜回了沉甸甸的秋实。

蚕豆叶子绿茸茸的连成了片，深绿与浅绿交相辉映。坝子里的炊烟相继在湖的上空蜿蜒，推犁劳作的农人仍旧在田间辛勤的忙碌。农人劳作的形姿被黄昏裁剪成岁月中最美的剪影，可是埋头赶路的路人，是否愿意倘佯在这温情的黄昏，流连在这田园牧歌声中而忘记归路呢？

48.　花落花未知

——读《杨梅花开》有感

每天中午，我都喜欢沿着一条铺满阳光的路回家。那条路是喧嚣的，木棉花火红的开满了枝丫，勒杜鹃熙攘着从学校的篱笆里探出头来，那些放学的孩子们，成群结队的往不同的方向四散开去。在勒杜鹃隐蔽的花枝下，年轻的小恋人拥抱着，打趣着，旁若无人的亲吻着。木棉花从他们身旁落下，他们竟然不知。

杨梅花开该像这木棉和勒杜鹃，也是花开灿烂吧？可是从没有人见过。冷雪花开说"杨梅花开在大年夜。花儿随开随落。没人能看到杨梅开花的样子，因为看到过的人第二天都没能再醒来"这样诡异的开篇，就像在阴天看着屋外连绵不断的雨丝，让心情灰暗而低落。青子姐姐看过杨梅花开了，花儿开放的模样，是带着夜晚的露珠吧？花苞怯怯的绽开，花瓣一层层的颤动，娇羞中既有对花蕊痛快盛开的向往，又带着黑夜的惧怕。"杨梅花窸窸窣窣的提前开放，闭上双眼，一切是那样美好绚烂"。作者在第一段早已埋下了伏笔。"就连青子姐姐家那片年年都叫孩子们惦记的杨梅林，也有着诡秘的故事传说开来"。

我行走在作者创作出的忧伤、美好的语境氛围里，就像早晨初阳刚出，走在乡间带着露水的小路。我想从路旁草叶儿尖，从蝴蝶翩飞过的油菜花丛里，从那些个美的让人心颤的文字主线中，试图寻找作者创作此文时的心境。虽然文章一开头便是会让胆小的读者感到惊恐的字眼：奶奶讲的鬼故事、陈旧破败的古厝和老庙、吱呀作响的老旧木门、还有山上一座座忽隐忽现的坟包，山下那个深不见底的黑潭。当所有的意象在作者手中轻松自如的展开的时候，这些意象串成一条有着幽黄色夜灯的隧道，幽黄色的灯光暗暗的映照着墙上的壁画，每张壁画都有个故事，读者沿着灯光前行，寻找壁画里最终的答案。这样的寻找方式让我想起《我的名字叫红》那本推理小说，作家帕慕克是用"珠玉一般的诗文、纠结罗织的故事"来探索和追求着土耳其忧郁的灵魂。读《杨梅花开》的时候，我一次次的盯着路旁的小草叶，仔细的把它们的叶片收拢又展开，小心的查看它们的根部，好像那里藏着更多人不知的秘密。

我是痛苦的。我被文中一根苦涩的隐线牵引着，让我跌落在若干年前自己的青春里。我的好友庆，她没有像青子姐姐那样"看看自己的粉拳，无奈地轻叹"。在她十六岁那年，像青子姐姐一样的年纪，偷偷的离开父母，生下了自己的女儿。我永远无法忘记她的父母寻找她的眼神，就像无法挥去读此文时"阳光簌簌的落在水面，无数银蝶儿在青子眼前飞旋"的场景，同样的伤心欲绝，同样的叫我悲痛。

作者在创作此文时，感情基调是平缓的。静静的讲述着一个故事。故事在她笔下，是杨梅花开的炫美，是寂静的乡村，是淡淡的哀愁，是青春短暂的落寞。也或许是她夜间滑落的泪珠儿，浅浅的，不露痕迹的流过。

　　没有人知道我因为这篇文字而落泪。当心被文字牵引时，现实与文字竟变得无法分割。午睡过后，我依然走过那条铺着阳光的小路，地上的木棉花被碾的惨不忍睹，我小心翼翼的捡起几朵，同事问，是煲汤用么？我轻轻的摇头，我说，是为了祭奠。

49.　再见萱草花

　　我真正了解到萱草花是中国传统母亲花，是始于 2008 年赵明安老师的一篇《不知萱草花》的散文，文中提到南宋朱文公朱熹老先生关于萱草花的注笺："谖草令人忘忧；背，北堂也。"此处的"谖草"便是忘忧草，也就是我们大家都熟知的黄花菜，南方一些地方也换作金针菜。

　　对于黄花菜，我实在熟悉。在我故乡山西的很多地区，大面积种植黄花菜，山西人常拿黄花菜煮汤或用来炒鸡蛋，是故乡人饭桌上常见的菜肴。以前母亲每次前往深圳探我，包里也总爱挟裹两包故乡风干的黄花菜。每当我年末岁尾回到故乡，黄花菜炒了海带、粉条和猪肉片，是母亲爱做也爱吃的一味清欢。儿时我嫌黄花菜特殊的气味而不甚喜欢，每当这时，母亲总会不厌其烦地解释黄花菜，一遍遍说故乡的黄花菜是清朝上好的贡品。

　　古时每当游子远行，都要先在北堂种下萱草，希望母亲减轻思念。萱草花又很好伺弄，耐寒耐旱，不与其它作物争抢肥沃的土壤，一丁点的阳光和水份就能换得大片花开。萱草花就像性刚体柔的母亲，朴实的容易忽视，良善的忘却自我。宋朝诗人苏东坡曾有诗诉说母亲的劳心："萱草虽微花，孤秀能自拨，亭亭乱叶中，一一劳心插"，我没有听到母亲关于黄花菜的说法已经四年多了，移民多伦多后，新冠病毒全球肆虐，对于中国，对于父母，对于我故乡的黄花菜，一切都变得遥远而奢侈。

现在正是五月的好春光，遥想故乡的春天，成片成片的黄花菜绿油油地疯长，叶片像兰花草般的绕指柔。待到初夏，一簇簇油光水亮的绿叶中兀自抽出一支支绿茎，绿茎顶端的花苞正待一簇而发。夏天某日的晨光露水中，这些孕晚期的花苞脱胎而出，淡红浅黄，一天清晨开几株午后谢几株，如此景象连绵持续一整个夏季。湖北作家赵明安在他的《不知萱草花》中曾说，"我途径山西大同，看见了上千亩地萱草地。大片大片的黄金色铺满田野，令人为之震撼。微风吹拂，黄色的花浪一波推着一波，一直漫向天边、、、、、、"。

重温作家的这篇文章，我仿佛扑入了故乡的怀抱，故乡远在天边，天边有连天的忘忧草、、、、、、。在《本草纲目》中，李时珍对萱草作了详细的解释："萱草本写作谖草，谖是忘记的意思，这是它成为忘忧草的一种说法，而萱草性凉味甘，可入药，有利水凉血、清热解毒、止渴生津、开胸宽膈，令人心平气和的功效，可帮助病人解除病痛，消除忧愁，所以萱草被称为忘忧之草。"当我在万里之遥的加拿大，在母亲节到来的时候，我望着绚亮的阳光照耀下的成片成片的绿草坪和一望无际的田野，我想起了故乡成百上千亩的"忘忧园"；当我看见那些黄头发的孩子手中拿着的玫瑰花，我想起了在诗经中寂寂绽放了三千多年的"萱草花"；我想起我的母亲说过的那些关于"黄花菜"的故事以及在她动手术的时候对我一遍遍的呼唤。

唐朝孟郊《游子诗》："萱草生堂阶，游子行天涯。慈母倚堂门，不见萱草花。"我离开故乡已经多年，从远离故乡千里之距的深圳再辗转到万里之遥的加拿大，故乡的萱草花年年开放，母亲的泪水年年滴落。越走越远的我，何时才能再吃到母亲烹饪的萱草花？

待到我们相见的时刻，她的包里必定裹夹着两包来自故乡的萱草花。当我闻到萱草花那股特殊的清香，天边的故乡仿佛近在门楣；那小巧的一支干黄花，饱吸了故乡整个夏日的阳光，我只需将它盈盈地握在手中，故乡就将我整个拥进了怀抱。

我期待着与母亲的再次重逢。

50.　天星码头

　　曾经痴迷张爱玲，她于 1938 年 8 月底从战争弥漫的上海辗转前往香港求学。在她的文字中香港的物貌与文化清晰浮现，而搭乘天星小轮往来于维多利亚港两岸，是她乐于做的事情。于是每每前往尖沙咀，我一定要去天星码头，投入两块钱港币，从此岸驶向彼岸，看世事苍茫，听风涛骇浪。这条短短的水路转瞬即达，我却感觉张爱玲依然倚在渡轮上，依然用她一贯傲娇的表情看水花翻飞，依然是身穿玲珑的滚边旗袍，依然特立独行。

　　转入天星码头，两边有少许店铺林立。码头的左手边，有一间专卖胭脂水粉的小店，全都是用古代仕女和水墨印花作为盒子图案，古典的美感仿若若干个才女佳人从岁月深处袅袅而来。粉质细腻柔滑，静静的香气似有若无，店员说是纯植物提取，我信。毕竟香港的招牌在那里，这店里的书卷气息在那里。时隔几年后我一直记得那家店，那家小店让人惊鸿一瞥，此生难忘。

　　码头上经常会有些义卖，一些残疾人会做零钱包小工艺品之类卖给路人。我曾经买过两个绣花小零钱包，年轻可爱的就像卖我东西的那两位姑娘，虽然她们一个腿不能自由行走，一个眼睛不能正常看见。

　　香港有很多古早的东西，旧的码头，旧的电车，旧的街巷，还有根深蒂固的广东文化。光怪陆离的外阜文明与本港传统交织的独特光景，长成了香港特殊且自由的模样。这样的长相是清奇的，就是这颗清奇灿烂的东方明珠，才让世人仰慕。我再次走进香港的六月，除了带来汗流浃背的热气，还有眼泪，当然还有长长的思索和叹息，这个世界到处是光明，也到处是我们无法触碰的黑暗。

若干年后张爱玲在美国租住的小屋地板上尘埃消逝。不知道她在临终前有没有回忆她的上海、她的香港和她的天星小轮。她的一生就像一杯贵品茗茶，热腾腾的出生，香气溢早满人间，却待到水凉味寡悄然离逝。

人生苍凉。

维多利亚港绝美的风光吸引着张爱玲，也吸引着我和你，吸引着一代代的人们，海水轻噬着码头石桩，那些贝类与青苔子子孙孙繁衍了百年。时间在水和石的浸泡中一团团的斑驳成墨绿色，这两种不同的物质彼此掺搽渗透，各自安好并将持续延续。时光匆匆再匆匆，我们普罗大众能做的，只求岁月静好，祈望香港别来无恙。

三、诗歌

艳遇丽江

无法阻止的爱

一　诞生

那一声啼哭
如一只展翅的白鹭
滑翔过天际看那天
倒影在我无神的眼中
蓝茵茵地荡漾

那一声啼哭
如一朵迎春花盛开
吹走了凌冬看那山野
芬华在我窘迫的呼吸间
甜丝丝地绽放

你放入我的臂弯
我的臂弯已是无力的河流
所有的河水哗啦啦的流过母亲的眼角
氧气是母亲的眼睛看你
看你
无数次撑开眼睛盯着你
你不管不顾恬然睡了

二　幸福

从病床前往洗手间需要走多久
四秒、五秒或者，六秒
当我成为母亲的第二天
我走了四十六分钟
当我从洗手间再躺回床上
我总共用了两个多小时
这两个多小时仿佛有一生那么漫长

你静静躺在育婴室
我坐了轮椅去看你
隔着玻璃
我看着你小床上的标示 A321
和我手环上的标示一样
你是我的儿子
你幸福地睡着
偶尔皱一下眉
围观你的亲人都笑了

交谈

嘘，你听见了吗？
水波在两畔相望
我们路过的小屋
三只鸭子不动，两只熊也不动
只有这条路啊
水中蜿蜒的小路
活泼地驶向远方

它们议论这群从未谋面过的人
因为争吵
它们把脸涨成褐色
妈妈，它们是红色的香蕉

我们仰视蒲草的发梢
风中摇曳窃窃私语的声音
这帮肌肉发达的家伙
毫不掩饰对生人的窥探

嗨，你们真不是香蕉吗
小路浅浅的水面溅起一朵朵水花
水烛点亮了灯火
一盏、两盏
黄昏正要来临

五月荣光

这些姿势都无法具显我对你的虔诚
我调整并深呼吸
而且贪婪
你热烈的怀抱滚烫的吻
你所到之处的印记
无一不恋惓

五月终于回来
是你在背后驱使
体恤这大地的晚晴
你依照离开的约定
再次归来

花朵们不知疲惫
它们是你魔力的信差
苹果花、山楂花和在你怀中尽情怒放的海棠
穿短裙的露腰姑娘和仅属于她的狗
因为你赐予的荣誉
光便与你一同闪耀

我也深知你的无情

你不必为懈怠解释
如果你能一视同仁
请一视同仁
耶路撒冷为黑暗哭泣
而你却说已普照了万物

如果你愿意

如果你愿意
请裁一块白布做我最后的衣裳
我不要粗糙的麻
不要暧昧的棉
我要幼滑的绢
就像我手边掠起的柔波
一点一点随风荡漾

如果你愿意
请掬一捧柔波洗我前世的污浊
洗我一寸一寸了无声息的发
洗我不再睁开的眼
洗我最后的铅华
请不要浸我在湖心
我怕玷污湖心的圣灵
也不要置我于湖畔
我怕前来的人儿担心
如果你愿意
请将我曲出好看的姿态
拥入你怀中
就像从前一样

如果你愿意
葬我湖对岸洁净的山峦
我不愿葬在山顶
山顶听不到碧波的涛声
也不愿葬在山脚
我怕手臂打扰湖水的清静

请将我葬入冷清的山腰吧
山腰听得到你奔来的脚步声
听得到你摇橹的咿呀声
还听得到你的泪珠一颗一颗
滴碎树叶的声音

亲爱的如果你愿意
让我们尽看世间苍茫
多年之后
我在天堂水畔安然眠去
神让我一尘不染的入世
又叫我干干净净的离开
如此
我将是这世上最幸福的人

勿忘勿忘

不必想我
同时不要在意
犹豫是十二月的湖面
暗涌流动在冰冻层下
脆弱易碎

坚持不过是一种成长
避免了伤害与再次失望

不必想我
但是请勿忘记
只需一刹那黑与白的交替
连续的镜像不是我
瞬间的忆起才是永恒

记忆的绳端连接的那头
不过是一颗曾经生长的树
花开花落终是幻梦
脑中播放的影子
是你自我的设定
那并不是我

你停留在你的眼中
你的心为你的眼眸流转
鸟飞翔滑落
你拥有你当属的海洋

我们曾经走进的森林
在虚无中幻灭
我们在烟尘里挥手再会
分岔的小径
是一条条人生的陷阱
吞灭所有行色匆匆的赶路人

不必想我
但也请勿忘记
请相信小路终会交汇
"相逢的人会再相逢"

约定

从一匹马变成一只凤凰，

时光在马蹄起落间丝丝游走，

不错过分毫。

这张巨大的画幅，

是前世今生我们的念想镌刻。

一切的开始都没有预兆。

故乡蓝绿色的湖水在小姑娘的眼睛里荡漾，

靛蓝翅膀的蜻蜓微微低飞，

一朵又一朵的云在她明媚的眼光中，

在她雀喜的心里，

缓慢流逝。

那个时候故乡夜晚的星辰浩瀚。

那个时候故乡冬日的白雪无垠。

那个时候故乡满山坡的杏花黄。

那个时候，

天上也有一匹白马吗？

那个时候，

从一匹马变成一只凤凰是不是很快？

那个时候妈妈也躺在蹦蹦床上仰望天空吗？

青草在蹦蹦床下悄无声息地生长，

天上的白马努力涅槃重生，

一切都按照轨道行进。

我们仰望天空，

这幅谁都猜不透的画布，

在每个人的心里投下他想要的印象。

一匹白马幻化成一只凤凰，

也只不过几下蹦哒的时光。

白马变成凤凰，

那是它们的约定。

约定是什么？

约定就是注定他们会相遇，

就像妈妈和你们一样。

窗外(外三则)

一、日子

一个日子在雪夜里低低哭泣
就要结束　就要结束
那秋日变幻的绣球花
等待与她重逢
你这永不停歇的雪
是你的到来
使得她的脸儿垂凋
裙裾枯萎
我哀伤的心啊
她的再次圆满
已不是她
也不再是我

二、圣诞

没有雪的圣诞季
多少都有些失落
那滑行着的雪橇
旅程被白雪点亮

所有纯洁的眼睛
期盼着
黄油曲奇和牛奶
还有姜饼小人
被他搅动

三、对面的色彩

突然抬眼见的那抹颜色
就像多年前那遥远的地方
遥远的海水
遥远的水上屋
遥远回荡的乐声
遥远的我和你

只剩回忆了
而回忆也遥不可及
像水一般浅淡的色泽啊
只一抬眸
隐去了天边
多像青春

第一场雪

昨日的阳光给了暗示
雪花不像雪花
席卷了落叶
那些还做着梦的金黄色叶片
四散动荡

威尔科特斯湖像单身过久的男人
舞进他身体里的落叶与雪花
只会让他皱眉
岂不知他深深的湖底
早已狂喜

静夜唱过快乐的歌
一路走来
纷纷洒洒
白色的音符在帽子上蹦
稻草人说
嗨！你们这些见缝插针的精灵！

白天去哪里了

妈妈，白天去哪里了
白天藏在草窝窝里打瞌睡了
他为什么不回家找妈妈
他不吃饭饭怕挨妈妈骂

妈妈，白天去哪里了
孩子，白天挂在月牙儿的眉梢了
他怎么不回家找妈妈
他不喝水水怕挨妈妈骂

妈妈，白天去哪儿了
白天裹在云彩里了
妈妈，他是不是在云里吃棉花糖了
他盖着棉被睡着了
妈妈，白天到底去哪儿了
白天在黑夜的肚子里躲猫猫
妈妈，宝宝也要在你肚子里躲猫猫
你是小伙子了，妈的宝贝
白天还是小孩吗
等明儿，白天蹓出黑夜的肚子

他又变成最大的大人了
比妈妈还要大吗
比妈妈还要大

妈妈，白天到底去哪里了
………

秋色难觅

山核桃树的果子一半在树上
一半滚在草隙间
一颗落在你的头发旁
你柔软蓬松卷曲的长发啊
真像身旁多情的旱柳
摇曳在秋风渐起的午后悬崖

你的左脚躺在春光里
右脚被夏天抚摸
他一遍遍地对你说着灌木林的故事
你们没有过去
也不忌讳未来

梧桐树叶上碎动的金丝
是你笑出的铃声
你笑了
阳光就亮了

永世的妙药

青草的园地一片荒芜

枯叶抽泣

残垣攀附蛇的弓影

幽风阵阵

我忘记了

忘记故园早已飘洒的雪花

清雅的姿态扬扬落于屋檐

也落于故人的眉眼

我忘记了

忘记乡间蒙雪的小路

你的眼眸雪花飞跃

跃入你空洞的嘴唇

跃入你岁月的纹路

我忘记了

屋顶黑黢的大缸和缸里满满的食粮

我忘记了

风过秋虫的低唱与麦浪翻滚的狂放

我忘记了

我忘记了

我忘记了你徘徊的马蹄挞挞
忘记了低于夜空的星星
忘记了羞于昙花的初吻
忘记了清溪流唱的年少时光

是什么让我忘记
是什么让我青草的园地荒芜
是什么让我听不见风的清音
也听不到庄稼拔高的裂声

我的灵魂锁在蛛网上
欲望在泥潭里分裂碎片
渴望再渴望前行
无数的碎片伸展触角
裹食每一片翠嫩的细胞

请不要忘记吧　庸俗的妇人
请不要忘记吧　疲惫的孩子
报春的鸟儿撷来一滴绿
干裂的泥土伸展双臂
低缩的枝桠昂起了头
给谁　给谁

给我早已枯竭的心房吧
满园枯草哀唱
给我　给我
给我这永世不忘的妙药

我们都是谁的孩子

是谁的手穿越浩瀚上天，

从哪处未知角落；

或是某个神秘领地，

住着主宰苍茫的神坻

用宽厚的掌把我们

————这些混浊的世人

——降落、

——降落

、、、、、、、、、、、、、、、

尘世张开鲜红的嘴，

贪婪的舌头吐露淋漓！

无法满足的欲望、

丑陋的大嘴

吸进每个路人

还在不停狂喊:

还没吃饱，还没吃饱、、、、、、、

尘世血淋淋的嘴啊，

腐烂的气息让人作呕！

泛着阴深的洞啊！

还要有几多人让你吞灭！

是你引诱世人鲜美的肉体，
还是世人无法拒绝你，
-------看似神秘的洞口，
洞里只有死亡，
可是死亡却让人前仆后继！

是谁，
把我们带入这烦浮世间；
是谁，
在幕后操纵着人类的一切：
让人类的文明空前昌盛却又让人自相残
杀！
是谁，
在茫茫的宇宙中主宰
你我的悲情与欢乐

､､､､､､､､､､､

你笑
神秘莫测
在一朵云后
在树的荫处
在溪流过的浪花中
诡异的无处不在

､､､､､､､

你是谁！

你是谁？

亚当、夏娃\耶和华\女娲\如来佛祖\黄帝\

伏羲、、、、、

人类敬畏的上苍啊！

请把原本属于我们的东西：

纯真、善良、快乐、美好，

都还给人类，

统统还给人类吧！

不要再让人间

戾气如"凤凰"！ [h1]

[h1]指 2008 年 7、8 月份的第 8 号热带风暴

雕塑

树能迈开腿走吗
不能
雪能不融化吗
不能
路过的小狗能不撒尿吗
不能
蒲公英能快点儿回来吗
不能
我望了望头顶那颗树
快顶到天了
跑过的小狗都欢快地撒尿
雪都化了
飞走的蒲公英
和蒲公英里奔跑的小女孩
一直没有回来
我等了好久
雪人能有思想吗
不能
刚好不能

那一年的雪

雪不是鹅毛　是天上的云层
扑落
天不见光　黑色漆过所有
长眼睛的地方

你是雪　雪是你的大地
你的大地紧拥着你
无数层雪聚拢　聚拢
你不再听到大地之外的声音
你从此有了一座属于自己的房子

老媪的拐杖插入雪里
年轻人点的烟燃入雪里
你儿子的铁环滚入雪里
雪放声大哭
似雨像雷
也掩盖不住
深红的血在你身下蜿蜒
舅舅
都说好人会上天堂
你去了天堂的哪个方向

圣诞快乐

你看到花朵开放了吗？在春天，一朵、一朵
你看到湖水微笑了吗？在夏天，一个浪花、一个浪花
你看到落叶飘舞了吗？在秋天，一片、一片
你得到雪回来的消息了吗？在冬天，一瓣、一瓣
一年即将开始
一年又要结束
朋友，你是否准备好了
深呼吸，深呼吸
你听，驯鹿的铃铛声
从天上很远的地方传来
你听，圣诞老人笑的声音很大
你知道，世界上本没有圣诞老人
但是我们愿意相信
一切美好的事物因你而来
你要比今年更快乐
圣诞快乐，我的朋友

Have you seen the flowers blooming?
In Spring, One by one

Have you seen the lake smiling?

In Summer, One wave...one wave

Do you see the leaves dancing?

In Autumn, piece by piece

Have you heard anything about the return of snow?

In winter, one snowflake...one snowflake

A year begins

A year ends

Are you ready? My friend

Deep breath, deep breath

Listen to the reindeer bells from far up in the sky

Listen, Santa Claus is laughing

You know, there is no Santa Claus

but we want to believe

All good things come because of you

You have to be happier than ever

Merry Christmas, My friend

寻找黑夜

提着夜的灯笼　在不知名的巷口

向闹腾的街深处　使劲张望

夜的烛火　　　闪烁着慌张

它的笼子　　怎么也笼不住街的眩热

望不到底的风雨廊

在高叫的音乐声里歇斯底里

店铺连着店铺　无穷的灯光

在歇斯底里中争相竞美

摩托车肆无忌惮扯着嗓子笑

满街飘着姑娘随风的长发

从街的这头或那头

在川流不息的车前灯后飘荡

由东往西　　从西向东

恍惚在时光隧道里入错方向

指针在午夜一点嘀嗒的回响

原本想放飞夜的翅膀

却发现夜躲在巷尾不丁点的地方

伸手触摸夜

夜浓黑的羽翼　　纷纷散落

你是母亲

你坐着，目光冷峻

海上的船航行在月夜

黑波浪舔舐桅杆

皎亮的不止月亮

还有你的脸

皱纹缠满全身

爬山虎跑的太快

那张干净的墙面密密麻麻的

全是光阴的针线

连脚趾

都不放过

关山月的乡村

使我赞叹的不是它的形状
不是它的巨大
是它的颜色
在湛蓝的天空凸现着洁白
我的脑袋一定是锈红斑斑
要不那赞美的词儿怎么在嘴边打蔫
眼睁睁的看着那朵鲸鱼游过天边
水牛举着弯的角
几千年来耕着自己的田园梦
它以另一种精神活着
活在画家苍劲的笔调世界
一块刻着岁月的界碑
　斑驳的插在清亮的湖边
　梅花红彤彤的映在水面
　画家曾把多姿梅花晕染在宣纸间
　我多想采撷一枝乡间的花儿
　把宁静的香味别在胸前
　却感觉时光匆匆走远

凌晨一点

凌晨一点
没有睡眠
我趴着窗边
望向窗外的小街
对面看不到顶的大厦黑黢黢一片
7-11 的送货车正好停在门前
酒楼没做宵夜
火红的只有供神的长明灯不熄灭
几辆挂着"无人"的的士行驶的歪歪斜斜
路边停泊的私家车早已进入梦里面
我盯着窗边的树枝叶
没见到一片叶子眨眼
原来它们也正睡的香甜

这是福田的一条小街
只有我努力的睁大眼
我想起这个城市的另一边
凌晨一点
红男绿女的天
卡拉 OK 里你吼我唱
食肆里熙熙攘攘

连马路边的烧烤摊也热闹一片
路边的妖娆直晃你的眼

同样的一座城池
同样的凌晨一点
不同进行的生活
到底是哪方更乐活些

凌晨一点
罗湖与福田
我在黑夜里睁大了眼
想看看还有谁
和我一样无心睡眠

单恋这枝花

昨夜
夏虫亢奋不倦
碧树收拢衣衫/惺忪了眼
风姑娘披着薄云织就的衣裳
垫起脚尖
从路的那边
飘过身旁

我多想穿上你的衣裳
借你轻盈的脚步
戴着梦想的翅膀
化身最美的女郎
把那花儿永久的歌唱

她是海神孕育的安琪
守护母亲耀目的明珠
从海底最深处开出
深邃的花蕊
静静的
花开成海

她是雪山独爱的宠儿
藏在父亲宽厚的胸襟
雨露是她最好的玩伴
她是雨露捧出的花魁
蓝色的诱惑
盈笑悬崖
悄悄的
摄人心魂

我多想穿上风姑娘的衣裳
仔细的把你端详
撷你入衣袖
芬香满襟
永世珍藏

我还想穿着风姑娘的衣裳
把这抹绚蓝送往朋友的小窗
一生只做闲人翻书小轩窗
爱你的享泽素手抚琴忙
弹花香痕妩媚弄红妆
我穿着风姑娘的衣裳
撒下一路的芬香
这一世的奇珍
大家齐分享

南国雪

早晨推门　簕杜鹃裹着银莹雪

上层雪与下层雪　对视微笑

中层紫衣花瓣闭眼含羞

如雪似露

惊喜这从天而降的祝福

更多祝福纷纷扬扬

纷纷扬扬的祝福拉扯榕树的胡须

钻入榕树胳肢窝

榕树仰天长啸

快意清凉